经典百年海战大观

中途岛航母战

田树珍★编著

民主与建设出版社
·北京·

图书在版编目（CIP）数据

中途岛航母战 / 田树珍编著 . -- 北京 : 民主与建设出版社，2018.7

（经典百年海战大观）

ISBN 978-7-5139-2019-3

Ⅰ . ①中… Ⅱ . ①田… Ⅲ . ①太平洋战争—海战—史料 Ⅳ . ① E195.2

中国版本图书馆 CIP 数据核字（2018）第 040513 号

中途岛航母战

ZHONGTUDAO HANGMUZHAN

出 版 人	李声笑
编 著 者	田树珍
责任编辑	胡　萍
封面设计	朝圣设计
出版发行	民主与建设出版社有限责任公司
电　　话	（010）59417747　59419778
社　　址	北京市海淀区西三环中路 10 号望海楼 E 座 7 层
邮　　编	100142
印　　刷	湖南汇龙印务有限公司
版　　次	2018 年 7 月第 1 版
印　　次	2022 年 6 月第 2 次印刷
开　　本	710 毫米 ×1000 毫米　1/16
印　　张	15
字　　数	180 千字
书　　号	ISBN 978-7-5139-2019-3
定　　价	39.80 元

注：如有印、装质量问题，请与出版社联系。

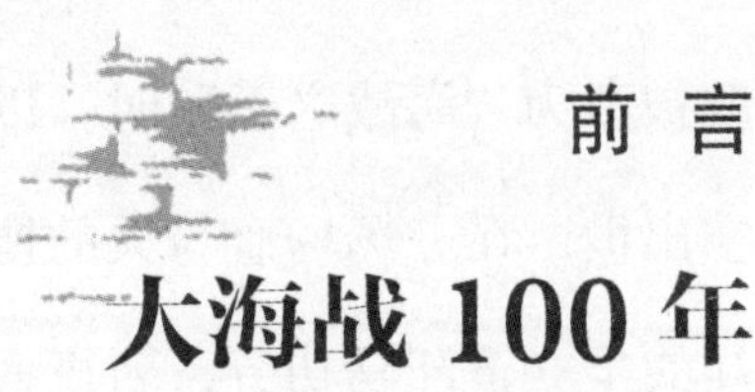

前言

大海战 100 年

美国杰出的军事理论家马汉于 1890—1905 年间提出了制海权理论，其核心是“谁能控制海洋，谁就能控制陆地，进而控制整个世界”。因此，掌握全面制海权不仅是海军的核心任务，更是国家的战略目标，人类近代海战史充分印证了马汉这一理论。

近百年来，以美国、英国、法国、德国、意大利、日本为首的军事强国都在优先发展海上力量。在第一、第二次世界大战及近代几次战争中，这些国家通过海上封锁、破坏对方海上运输线、海上决战等方式，在一定海域内获得了制海权，进而实现了控制相关陆地的战略目的。

这其中，留给我们印象最深刻的是两次世界大战，无论是作战规模、作战样式，还是战争的惨烈程度都是空前的。在这两场战争中，海战这一古老的战争类型，由于使用了新武器、新装备，发生了革命性的变化。当德国的“俾斯麦”号和“提尔皮茨”号、日本的“大和”号和“武藏”号、英国的“威尔士亲王”号等超级战列舰被奉为“海战之王”时，以美国为代表的航空母舰及其战斗群横空出世，在一场场血与火的搏杀中表现出色，为美国最终赢得太平洋战争立下汗马功劳，名正言顺地取代了战列舰成为新的“海上霸主”。同时，随着人类科学技术的不断进步，核潜艇的出现又彻底打破了固有的海战模式，其强大的战略、战术威慑力，使之成为令人生畏的深海杀手。

为了再现近百年的大海战全景，我们精心推出“经典百年海战大观”系列丛书。这套书详细地再现了近百年来海战中的经典战例、著名战舰以及一些鲜为人知的人物故事，共20册，每册讲述一个独立的海战故事，书中涉及日德兰之战、珍珠港之战、珊瑚海之战、中途岛之战、瓜达尔卡纳尔之战、莱特湾之战、马里亚纳群岛之战、围歼“俾斯麦”号战列舰之战等海战史上至今仍然被人们津津乐道的经典战役。

进入21世纪，中国人民解放军海军迅速发展壮大，有力地保卫了祖国海防，但中国海军依然任重道远。要保护我们国家的利益，需要建设强大的海军，需要我们比以往任何时候都更加关注海洋、了解海战的历史。

目 录

第一章

大胆的美军飞机

★1941年12月7日，日本对美国太平洋主要基地珍珠港发动了突然袭击，美国陆海军及其航空力量损失惨重，太平洋战争爆发。中国、自由法国、澳大利亚、加拿大等国纷纷对日本宣战。

★为了对日本进行报复，美国决定在1942年4月18日对日本东京进行空袭。为了完成这个任务，美国总统罗斯福就一直敦促下属寻找轰炸东京的办法。最终，找到了一个空袭东京的方案。

★1942年5月4日，珊瑚海海战爆发。这是美国和日本首次在航空母舰上以舰载机进行远距离实战的海战。该战役持续到5月8日，这是太平洋战争中很重要的一次战役。

第二章

太平洋霸主

★为了确保这次以弱对强战役的胜利，尼米兹给两位特混舰队司令制定了一条重要的作战原则。他说："在执行规定的任务时，你们必须遵循不轻易冒险的原则。这一原则应理解为：若无把握使优势之敌遭受较之我更大的伤亡，则要避免暴露自己，免受敌人打击。"

★在作战计划实施之前，尼米兹召开了一次军官会议，主要为了对形势进行最后一次深入细致地分析研究。

★在中途岛战役中起着主要作用的5位指挥官汇聚在尼米兹的办公室，他们正聚精会神地研究着中途岛战役中的关键问题。

★经过两天多的抢修，离开船厂时，"约克城"号航空母舰的外观发生了很大的变化。"约克城"号航空母舰可以再次出港参加海战了。

第三章
中途岛激战

★珍珠港这一战的胜利，使山本五十六直接以美国人为打击对象的决心更加坚定了。他打算在太平洋方向实施连续主动进攻。

★有些人反对山本五十六的这一作战计划，甚至认为他是被胜利冲昏了头脑——拿帝国和皇室的命运开玩笑。他们提出一大堆理由来反对山本五十六，甚至对中途岛的战略价值也提出了疑问。他们还认为，山本五十六尽管具有非凡的勇气和才干，但他没有指挥如此大规模海战的经历。中途岛攻击战将投入日本海、空军力量的全部主力，这个赌注太大了。

★山本五十六清楚地看到了中途岛的战略价值。他希望尽快进攻中途岛。山本五十六之所以极力主张进攻中途岛，还有一个更为阴险狡猾的战略构想，那就是他打算以攻击中途岛为诱饵，诱出美国航空母舰编队并与之决战，从而达到消灭美国航空母舰的目的。

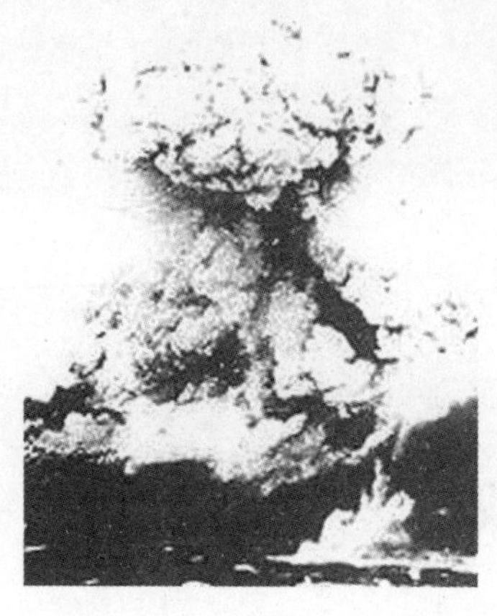

第四章

美日海上激战

★美军所做的充分准备和早期发现日军来袭的机群，这大大地降低了日军空袭的效果，因此日军对中途岛的空袭没有达到预定目标。

★就在南云忠一的突击舰队向中途岛发动第一波空袭的同时，美国方面也在积极准备发动对日本入侵舰队的反击。

★ 6 月 4 日从黎明到现在，日本人的运气似乎好得不得了。美国近百架轰炸机和鱼雷机发动的第五、第六个批次轮番空袭竟然全部落空，未伤到日本军舰一根毫毛，而自己却损失惨重。

★ 19 点 25 分，“加贺”号航空母舰完全沉没。

★突然，一道明亮夺目的爆炸闪光，照得“赤城”号航空母舰舰桥上的日本军官眼花缭乱。一支往上高蹿的火柱将他们掀翻在地。几乎同时，舰上火焰乱蹿，浓烟四起。

★短短 6 分钟内，“赤城”号航空母舰被彻底炸毁了。

第五章
无法挽回的败局

★友永丈市性格孤僻，从不向人吐露内心的秘密。他认为，是他“需要再度袭击中途岛”的建议间接造成了灾难性的后果，自己要负责任。他决心效忠天皇和帝国，以死弥补自己的过失。不仅仅友永丈市一个人准备赴死，还有驾驶员也表示要用飞机撞击美军的军舰。

★当驱逐舰中队司令爱德华·P·索尔看着这艘巨型航空母舰已无可救药时，才让各驱逐舰围聚在它四周，给它举行了一个告别仪式。

★在绚丽的晨曦中，“约克城”号航空母舰下沉的速度越来越快。美军的驱逐舰列队就位，注视着它沉入大海。它沉没时，各舰下半旗，全体人员脱帽肃立。

★遵照山口多闻的最后指示，阿部平次郎下令击沉“飞龙”号航空母舰。5 点 10 分，“风云”号驱逐舰和“夕云”号驱逐舰向“飞龙”号航空母舰发射了鱼雷。在一阵震耳欲聋的爆炸声后，这艘庞大的航空母舰开始下沉。

第一章

大胆的美军飞机

★ 1941 年 12 月 7 日，日本对美国太平洋主要基地珍珠港发动了突然袭击，美国陆海军及其航空力量损失惨重，太平洋战争爆发。而后，中国、自由法国、澳大利亚、加拿大等国纷纷对日本宣战。

★为了对日本进行报复，美国决定在 1942 年 4 月 18 日对日本东京进行空袭。为了完成这个任务，美国总统罗斯福就一直敦促下属寻找轰炸东京的办法。最终，找到了一个空袭东京的方案。

★ 1942 年 5 月 4 日，珊瑚海海战爆发。这是美国和日本首次在航空母舰上以舰载机进行远距离实战的海战。该战役持续到 5 月 8 日，是太平洋战争中很重要的一次战役。

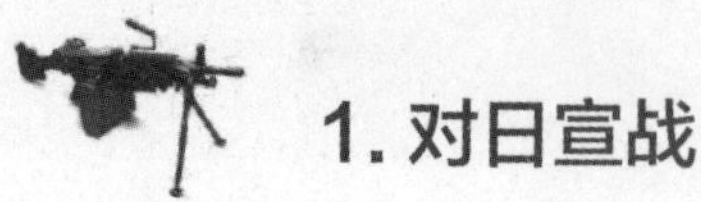

1. 对日宣战

1941年12月7日，日本对美国太平洋的主要基地珍珠港发动了突然袭击，美国陆海军及其航空力量损失惨重，太平洋战争爆发。这场战争使太平洋变得不太平。

1941年12月8日，美国总统罗斯福在国会发表了具有历史意义的演说。而后，美国国会通过对日本宣战提案，英国也开始对日本宣战。12月9日，与日本战斗了10年的中国正式对日本宣战。而后，自由法国、澳大利亚、加拿大等国纷纷对日本宣战。12月11日，狂妄自大的德国对美国宣战，从此美国完全投入了第二次世界大战，将其强大的国家机器转入了战时轨道，第二次世界大战进入一个新的阶段。

对于珍珠港事件，大家看法不一。有的人认为，从战役的角度来说，这是日本的一次巨大成功；有的人认为，袭击珍珠港只是为美国处理掉了一些过时船舰，且激起了美国人民极大的斗志。从日本的角度看，珍珠港行动是一个袭击行动，其目的是保证日本南进获取南太平洋的石油时不会受到美国阻碍。而日本以29架飞机的代价换取了美国19艘主力舰船、200余架飞机，并使美太平洋舰队在一段时期内难以进入南太平洋，这无可争议地形成了一种优势，

日本偷袭珍珠港

也直接实现了日本无耻的战略意图。

当然，日本海军航空部队空袭了美国太平洋舰队的母港珍珠港，使美国的民心士气跌到最低点。为了唤起民众的信心，美国总统罗斯福决定不惜一切代价空袭日本东京，以向美国民众表明珍珠港遭袭绝不是美国的末日，美国有能力战胜日本。

就这样，1942 年 1 月，美国海军总司令金接受了罗斯福的作战参谋的建议，决计对日本发动一次空袭，首选目标就是日本首都东京。当时，美国海军所有作战飞机的作战半径都无法达到轰炸东京所需的距离。正当美国参谋长联席会议为此一筹莫展之时，海军总司令金偶然间听参谋部一位军官说陆军的远程轰炸机可以从航空母舰甲板上起飞。

经过一系列慎重地挑选，航程达 1932 公里、有“万能轰炸机”美誉的北美航空公司 B–25 米切尔型轰炸机被军方选中。1942 年 2 月 3 日，改装后的两架 B–25 轰炸机在“大黄蜂”号航空母舰上起飞成功，初步验证了轰炸日本东京计划是可行的。

4 月 2 日，“大黄蜂”号航空母舰载着 16 架经过改装的 B–25 轰炸机驶离旧金山，在“文森斯”号重巡洋舰等 6 艘战舰的护航下，

罗斯福说：“1941 年 12 月 7 日，美国遭到了蓄意的猛烈攻击，这个日子将永远是我们的国耻日。”

告别巍峨的金门大桥，消失在太平洋无边的雨雾中。

★日本的野心

对马海峡海战是20世纪发生的第一场大海战。1905年5月27日，日本和俄国在这里进行了一场激烈的海战。为了和美国海军相抗衡，取得太平洋的霸主地位，日本海军于1920年制订了庞大的“八八舰队计划”。

当时由海军大臣提出海军军备扩充的构想，通常由8艘战列舰和8艘装甲巡洋舰组成，由舰龄在8年以内的主力战舰充当，但是其预算一直没有被批准。到第一次世界大战，这个海军扩张计划改为由8艘战列舰和8艘战列巡洋舰组成。

战后，美英日为了争夺海上霸权，进行了激烈的造舰竞争。在华盛顿会议上，美国凭借巨大经济优势，向他国施压，迫使各国与其签订了《限制海军军备条约》(即《华盛顿海军条约》)，规定美、英、日、法、意五国主力舰吨位比例为5：5：3：1.75：1.75。美国和英国获得了对等的制海权。可这一条约的确立大大地限制了日本的扩军计划。

按照《华盛顿海军条约》里的规定，日本海军航空母舰可拥有81000吨。因此，日本海军决定将停建的“赤城”号战列舰改建成航空母舰。1925年4月实施改建工程，1927年3月建造完毕，随即编入现役。它的标准排水量为29500吨，航速31.7节（公布为28.5

节）。这艘航空母舰在当时仅次于美国“列克星敦”号航空母舰，是世界上第2大航空母舰。

为了不受1930年的《华盛顿海军条约》限制，日本开始制造航空母舰。“飞龙”号航空母舰和“苍龙”号航空母舰属同一级别中型攻击航空母舰，都是日本海军的第二批航空母舰。后来，“飞龙”号航空母舰与“苍龙”号航空母舰编为第2航空战队，由山口多闻指挥。

在太平洋战争之前，“翔鹤”号航空母舰和“瑞鹤”号航空母舰是日本最好的航空母舰，它们于1941年9月服役。两舰共同编为第5航空战队一同作战。

2. 轰炸东京

为了对突袭珍珠港的日军进行报复，美国决定在1942年4月18日对日本东京进行空袭。

为了完成这个任务，美国总统罗斯福一直敦促他的属下寻找轰炸东京的办法。当太平洋外围和菲律宾处在一片溃败时，美国非常迫切实施这个计划。

1942年1月中旬，金的参谋部提出一个方案：从一艘航母上出动陆基轰炸机进行轰炸。航空母舰可以将飞机载到靠近日本的海，但由于中型轰炸机无法降落在航空母舰上，完成轰炸任务的飞机要飞往中国大陆。最终，中型轰炸机 B–25 轰炸机和最新服役的“大黄蜂”号航空母舰被选中了，这项轰炸计划的领导者是当年飞行速度世界纪录保持者吉米·杜立特中校。为了更好地完成任务，美国对 B–25 轰炸机进行了改装，拆掉了一切不必要的设备，增加了油箱和伪装用的木制机炮。他们将改装后的轰炸机称为 B–25B 轰炸机。

2 月 3 日，两架 B–25B 轰炸机在“大黄蜂”号航空母舰上起飞

停在“大黄蜂”号航空母舰甲板上的美国 B–25B 轰炸机

成功，这证明了轰炸计划是可行的。此后，由第17轰炸机大队的志愿者组成了24套机组——这些机组成员只知道将完成一项非常危险的秘密任务。机组花了一个月的时间，在跑道上标识，模拟演练飞行甲板上短距起飞滑跑。“大黄蜂”号航空母舰的甲板上也画上了与陆地跑道一样的中心线标志。

4月，“大黄蜂”号航空母舰在6艘舰只的护航下载着吉米·杜立特的机组人员和16架B-25B轰炸机告别了旧金山的金门大桥，劈波斩浪，向西疾驶，在太平洋无边无际的雨雾中消失。

4月5日，一支由哈尔西率领以“企业”号航空母舰为核心的舰队也从珍珠港悄然出发，朝正北方向行驶。5天后，这支舰队与“大黄蜂”号航空母舰舰长米切尔率领的舰队在北太平洋上指定的海域会合，合编为第16特混舰队，由哈尔西指挥。此时，北太平洋浪高风大，船只稀少。通过这条隐蔽的航线，日本在4个月前成功地偷袭了珍珠港。而此时第16特混舰队怀着满腔仇恨通过这条航线悄悄地驶向日本。

这次任务的内容是：在阴沉的海面上向着九州海岸以西347海里的目标海域进发。知道了任务以后，全体人员兴奋不已。

在行进途中，第16特混舰队收到东京电台这样一则广播：“据英国路透社报道，美军3架轰炸机轰炸了东京。这种消息真可笑。日本国民对这种宣传毫不在意，正沐浴在和煦的阳光和樱花的芬芳中享受春光。”听完广播后，杜立特很想通过广播更正一下：我们

杜立特空袭中，一架美国的 B-25B 轰炸机从“大黄蜂”号航空母舰的甲板上起飞

这里有 16 架轰炸机而不是 3 架。日本的毫无防备使得机组人员完成任务的信心倍增。

4 月 17 日下午，第 16 特混舰队离起飞点只有 24 小时的航程，仍未被敌人发现。“大黄蜂”号航空母舰甲板上的人员对 B-25B 轰炸机做了最后检查。每架飞机携带 4 枚 225 公斤炸弹，米切尔的勋章都系在了炸弹上。炸弹还上写着：“我们不想燃烧世界，只想燃烧东京。”从此，这种在炸弹上写字的传统延续至今。傍晚，雷达发现了日本海上警戒线最外层的放哨舰艇，因此，第 16 特混舰队改

第 16 特混舰队的机组人员

变了航向。

在距日本东京 700 海里的海面上，“企业”号航空母舰上的雷达探测到 2 艘日本军舰。一架巡逻机也透过雾气沉沉的海面发现了一艘日本巡逻艇，飞行员立即报告：“敌方舰只，方位 276° ，距离 50 海里，北纬 36° 4′ ，东经 153° 10′ ，敌方似乎未发现我方。”哈尔西立即下令第 16 特混舰队改变航向。由于天气恶劣，日本人的确未发现第 16 特混舰队，但好运并未继续多久。

18 日凌晨，神采飞扬的哈尔西出现在早已列队完毕的飞行员们面前。他向飞行员们宣布："我们此行的目的就是要将匕首插向日本的心脏——东京！"

然后，哈尔西将杜立特叫到跟前，把一枚"日美亲善纪念章"交给了杜立特。这是哈尔西当年访问日本横滨时，不知哪个团体赠送的，那时他还只是少尉。"把这个东西从东京上空还给日本人！"

哈尔西是美国最有名的航空母舰指挥官之一。他是半个水手、半个飞行员，是一位素质全面的美国海军军人。他手下的官兵对他极为信赖。大家都很喜欢哈尔西。

与此同时，日本海军征用的"日东丸"号渔船发现了第 16 特混舰队的行踪。"日东丸"号渔船船长还没来得及在清晨的薄雾中数清楚面前这支舰队的数目，便用明码向东京发报："发现 3 艘美国航空母舰！"6 点 30 分，在东京郊外日本联合舰队司令部，自"日东丸"号渔船发来的情报摆在了联合舰队司令山本五十六的办公桌上。

山本五十六看到这份情报，几个月来一直忧心忡忡的他马上意识到："他们来了！目标一定是东京！"

"让'日东丸'号渔船报告敌舰的具体数字！"山本五十六命令值班参谋。

"无线电中断，联系不上。"值班参谋报告。

山本五十六沉默不语。一会儿，他把攥紧的拳头猛地砸向桌面。

杜立特空袭的 1 号机组，他们来自第 34 轰炸中队，左数第 2 位是杜立特

自从珍珠港事件以来，日军每次取得胜利，东京市民就会排起长队，挥动旗帜，踏着冬雪，到皇宫大门前举行庆祝大会。在一次次胜利中，日本全国上下都沉醉在战果辉煌的美梦里。

事实上，虽然袭击珍珠港获得了很大成功，但是山本五十六并不是很高兴，因为他时时刻刻都在担心着美国报复。他开始变得很敏感，天天询问东京的天气情况，要是天气预报说东京的天气不好的话，他就放心了，因为他认为美国飞机不会前来轰炸了，东京是安全的——在他的内心深处，绝对保证天皇所在地东京的安全是最重要的任务。

山本五十六在接到“日东丸”号渔船发来的情报后，便命令驻扎本土的第26航空战队的飞机起飞，命令停泊在广岛的第1战列舰舰队和前一天刚刚返回本土的第2舰队起锚出航，迎击美国的舰队。

另外一面，因为“日东丸”号渔船发出的无线电警报被美国舰队接收到了。几分钟之后，美国的前卫巡洋舰就用炮火击沉了这艘小型勤务艇。因此，哈尔西和杜立特原来的计划被打乱了。按原定作战计划，第16特混舰队要在行驶到距东京500海里处时，轰炸机方才起飞。而若在此时提前200海里起飞轰炸机，就意味着飞行员生还的机会大大减少了。况且，提前行动还意味着轰炸机组将不得不在白天轰炸日本本土。飞行员生还的机会无疑又降低了。

但杜立特和哈尔西决定立即起飞，即使多飞200海里，也不能让舰队冒险，这绝对是一个正确的决定。虽然日本防线即将处于警戒状态，但日本人根本不会料到当天就有袭击。哈尔西想过：日本人此时肯定认为轰

山本五十六

炸机会在离日本300海里的地方起飞，他们肯定不会想到美国的飞机会提前400海里起飞。

“让杜立特和他勇敢的中队起飞吧。一路平安，上帝保佑。”哈尔西向“大黄蜂”号航空母舰发出信号。

一切准备就绪后，全体机组成员在甲板列队，杜立特将提前起飞的原因告诉了大家。“弟兄们，死神将会迎接我们，”杜立特迎着狂风大声说着，“现在距离日本700海里，比预定的航程多200海里。而我们的燃油每一升都是计算好的。我们不得不在白天轰炸日本，而且没有一架战斗机护航。”

然后，杜立特的声音不再严肃，他口气缓和还带有某种戏谑的味道说：“有谁为此感到害怕吗？咱们的替补飞行员愿意出100美元替换他。”

短暂的沉寂后，一片带着飞行员决心的呼喊回答了杜立特：“留着他的钱回夏威夷逛夜总会去吧！”“中校！有您带队我们什么也不怕！”“快去东京收拾这帮无赖吧！”

笑声过后，杜立特立即下令：“准备登机！”

“飞行员上机！飞行员上机！”从扬声器里传出急促刺耳的声音。不一会儿，发动机的轰鸣声，怒海狂涛的撞击声，官兵的欢呼声会合在一起，致使庞大的航空母舰也不停地抖动起来。

上午8点，“大黄蜂”号航空母舰调头迎风，杜立特紧紧握了一下舰长米切尔的手，然后对他的伙伴们喊道：“好！伙计们，就这么一起出发吧！"

就在"大黄蜂"号航空母舰的舰首被太平洋上的巨浪抬起的一刹那，杜立特的座机升上了天空。此时，他们距东京668海里。随后每一架飞机离开军舰，甲板上都发出一阵欢呼。8点24分，16架飞机全部安全起飞。海军摄影师约翰·福特中校和他的摄影组对整个起飞过程进行了拍摄。

"那天上午，风在大海中怒吼，海在狂风中咆哮，蔚蓝的海水在航空母舰两侧迸裂出一簇簇浪花，"哈尔西在其回忆中写道，"吉

B-25B 轰炸机从"大黄蜂"号航空母舰上起飞

米·杜立特率领他的中队起飞了，随后我的值班参谋在旗舰航海日志上写道：改变航向，转弯90°，立即以25海里/小时的速度退出该海区。”

杜立特率领他的中队向西飞去，每一位飞行员都知道了各自所要轰炸的军事目标、钢厂、飞机厂和电站。机组开玩笑时曾说要通过抛硬币决定谁来将炸弹扔到日本皇宫中，实际上皇宫、医院、学校等均不在轰炸目标之列。

当杜立特的轰炸机低空掠过东京湾的时候，东京城里的人正在吃午饭，一队巡逻机也没有发出警报，低空飞行飞机的防空袭阻塞气球，刚刚在上午的防空警报演习结束后取下来了，甚至在高空中飞行的9架战斗机也没有发现杜立特。

当天中午，东条英机碰巧视察完水户航空学校乘飞机回东京。东条英机的秘书发现从右方飞来一架双引擎飞机，涂着一个不熟悉的标志，而后猛然醒悟，“美国飞机！”如果美国轰炸机当初不拆掉机炮的话，还可能为这次任务增加额外的战果。

飞机迅速地向预定目标超低空飞行。机组人员打开了机腹弹舱门，投弹指示灯红光闪烁，一枚枚重磅炸弹呼啸而下。飞机降到房顶高度，然后钻进西郊低空的烟雾之中，随后调头向南飞到海上。

警报器再次拉响。在午餐时间拥挤的街头和公园里，当第一批轰炸机掠过上空的时候，人们不约而同地向头顶望去。人们挥着手，以为是日本空军在做逼真的表演。只有当爆炸震撼着首都东京，滚滚浓烟升起的时候，日本人才知道这是真的轰炸。

那时，在东京市中心的广场上，刚刚结束了一场防空演习的日本老百姓还以为头上的大队飞机是刚才演习的继续。直到东京北部的工厂区传来一阵阵剧烈的爆炸声，浓烟和尘雾笼罩了半个天空，人们才发现，这些飞机的机翼上不是他们看惯了的旭日图案。

当美国进行空袭时，日本天皇裕仁正在御花园为前方将士采药以示恩泽。警报刚开始的时候，他也以为是演习，但当他听到爆炸声后就没有了往日的矜持，他大声叫喊着躲进了樱花林，周身颤抖不止。直到空袭过后卫兵四处寻找找到他，他才惊魂初定。在轰炸前，美军太平洋战区总司令尼米兹有令在先："只轰炸军事目标。"

迫降在苏联的 B--25B 轰炸机

正是因为有这道命令，美军飞行员们才强压心头怒火，从皇宫上空飞掠而过。

在撤退的航空母舰上监听东京广播电台的船员，从播音员声音后面颤悠悠的警报声中，知道了杜立特的飞机已经到达城市上空。在后来的 20 分钟里，另外 10 架美国轰炸机掠过头顶，城市里发生了一连串的爆炸，这 10 架飞机遇上了大风，和前面的 2 架飞机拉开了距离，但是飞机从四面八方飞来，继续制造了混乱。

其他轰炸机同时到达名古屋、大阪和神户的上空，日本战斗机驾驶员不知所措，好半天弄不清楚袭击是从哪个方向来的，美国轰炸机趁机飞往中国海域，日本战斗机想追也来不及了。袭击日本的 16 架飞机全部脱离目标上空。

按原定计划，杜立特率领的轰炸机编队在完成轰炸任务后，应飞往 1100 海里外的中国南昌和丽水机场降落。但参加行动的 16 架轰炸机中有 1 架受伤飞往海参崴，而后被苏联扣留，其机组成员一年后经伊朗回国。其余 15 架飞机均飞往中国，可是由于黑暗、大雾和缺油等原因，飞机均没有到达目的地，机组成员都被迫迫降或跳伞。75 名机组成员中有 3 人在迫降时丧生，8 人因降落在日占区被俘。包括杜立特在内的其余机组成员在中国抗日军民的掩护和帮助下，平安转入大后方。

杜立特的降落伞徐徐落在农田里，他随后被中国农民救起。杜立特当时用生硬的中国话说：“我是在天上打日本的！”杜立特与其余 63 名机组人员随后均被中国军民护送到后方，而后辗转回国。

这次袭击没有造成日本多少实际的损失，主要破坏了 90 余座建筑物和造成几十名平民死亡。但是，正如罗斯福总统所预料的那样，它直接激发了美国的士气。“杜立特干得漂亮！”洛杉矶时报赞扬地说。

19 日下午，白宫举行了气氛热烈的记者招待会。《洛杉矶时报》的一位女记者问此时满面红光的罗斯福：“请问总统先生，轰炸东京

杜立特及其机组成员在中国抗日军民的掩护和帮助下，平安转入大后方

的飞机是从哪个基地起飞的？”

罗斯福微笑着用他那特有的幽默回答道：“香格里拉，我想是从那里起飞的。如果不是这样，亲爱的小姐，你说又能从哪里呢？”

“香格里拉”是詹姆斯·希尔顿的小说《失去的地平线》中的神秘天堂，美国总统罗斯福以此掩盖了使用航空母舰这一事实。

这次美国对日本的空袭使日本参谋本部颜面尽失，因为没有情报表明美军航空母舰上有轰炸机，所以空袭过后数日内，日本仍

杜立特与其余 63 名机组人员被中国军民护送到后方，而后辗转回国

不明白是怎么回事。但将一系列的情报联系起来，包括发现美国舰队、遭到空袭、在中国发现飞机残骸以及用严刑拷打从俘虏那里得到的口供，才明白袭击的发动过程。

随后联合舰队立即组织截击第16特混舰队，但哈尔西他们轻易地躲开了追击的飞机，舰队快速航行，几天以后，日本帝国海军放弃了追逐。

空袭对日本造成的具体损失如下：50人丧生；252人受伤；90幢建筑受损或倒塌。受到轰炸的日本建筑包括：日本柴油机制造公司、日本钢铁公司第一钢铁厂、三菱重工公司、交通部变电所、国家纤维服装公司、横滨制造公司仓库、名古屋飞机制造厂、1座军工厂、1所海军实验室、1个机场、1个临时军火供应站、9幢电力大楼、6只大油罐、1家服装厂、1间食品储藏仓库、1家煤气公司、2家其他公司、名古屋第二临时军用医院、6所小学和初中。

此后，美国直到1944年4月才再次对东京进行了轰炸，那就是太平洋战争后期的事情了。

★吉米·杜立特

1896年12月14日，吉米·杜立特在美国加利福尼亚州阿拉梅达市的一个普通木匠家庭出生。1917年10月，杜立特加入美国陆军通信兵预备航空队，在圣迭戈附近的一个机场学习飞行技术，驾驶寇蒂斯公司的JN–4教练机。杜立特的身高只有1.69米，从机舱的一侧向外望都很困难，但这并不妨碍他成为一名优秀飞行员。仅仅经过6小时的带飞，杜立特就已经可以独立飞行了。

1922年9月4日，年轻的杜立特驾驶一架DH–4B型飞机，在空中飞行3481公里，用21小时19分从美国东海岸的佛罗里达飞到西海岸的加利福尼亚，创下了一天内飞越美国本土的纪录。后来，杜立特又在著名的麻省理工学院系统学习航空理论，并获硕士和博士学位。

1934年，已经离开军界的杜立特首次提出把空军从陆军中分离出来，建立独立的空军军种。1940年7月，当纳粹德国的军队肆虐欧洲之时，杜立特毅然放弃了在壳牌公司待遇优厚的工作，重新服役，以陆军航空兵中校军衔指挥B–26中型轰炸机部队。

美国陆军统帅马歇尔将军曾经对杜立特进行了高度评价：“他是一位在战争中具有非凡的聪明才智和顽强毅力的指挥官。”当接受率机轰炸东京的任务时，杜立特比任何人都清楚：这是一项即使轰炸成功也未必能生还的任务。

3. 天才情报员

到1942年4月为止，日本第一阶段的战略任务已经基本完成。日本参谋本部正沉浸在“胜利病”中，他们对战争的走向没有一个明确认识，他们甚至对第二阶段的目标问题也没有达成一致。日本第二阶段所选择的目标有：澳大利亚、印度和美国。

南云忠一

海军联合舰队主张东进和美国舰队决战，因而制订了中途岛计划。4月中旬，日本参谋本部正对中途岛计划进行激烈讨论。中途岛攻击舰队的指挥官南云忠一对中途岛计划一直有着不同的考虑。

美国袭击东京对日本参谋本部造成了巨大心理冲击。这次袭击对战争进程最重要的影响就是日本参谋本部一致通过了并不十分完善的中途岛计划，另一个影响就是日本有大量的一线空军被调回本土参与防御。

美国在日本联合舰队疯狂追逐哈尔西的第16特混舰队时，收集了大量有针对性的电文，这对美国破译日本密码从而了解日本联合舰队的动向有很大的帮助。这为中途岛之战打下了良好的基础。

美国飞机空袭东京后，日本海军颜面无存，山本五十六坚决要求攻占中途岛，因为日本方面认为中途岛很可能是这次美国空袭东京的飞机的起飞基地。另外联合舰队的司令还有一个一箭双雕的打算。

日本打算：一方面，日本同时占领中途岛和阿留申群岛，这样就可以组成由斯基卡岛—中途岛—威克岛，一直延伸到距澳大利亚260.7海里的莫尔兹比港的外圈防线，这必将大大压缩美国太平洋舰队的活动空间，还能监视任何企图进入内圈防线的美军舰队；另一方面，他们是为了诱出尼米兹的太平洋舰队，并与之决战，从而达到消灭太平洋舰队的目的，使美国海军至少在较长的时间内无所作为，为日本赢得更多的时间。

在4月20日的陆、海军联席会议上，进攻中途岛的计划通过了。但在这次行动之前，必须先占领珊瑚海中的莫尔兹比港。占领该港后，不仅可以轻易地占领新几内亚其他地方，而且直接威胁到美、澳运输线，将澳大利亚和美国分别孤立起来。

珊瑚海中的莫尔兹比港的军事战略价值极大。于是以此作为序幕，日军在5月3日首先占领了所罗门群岛中的一个小岛图拉吉。

这个小岛距瓜达卡纳尔岛不到50公里，日军开始修建机场和基地，为攻占莫尔兹比港作准备。这次行动的代号叫“MO作战计划”。

5月3日，在日军占领图拉吉岛的同时，攻占莫尔兹比港的日军舰队从拉包尔出发了，在俾斯麦群岛中，拉包尔位于最北端。1942年元月以来，拉包尔一直是日军在南太平洋的重要补给基地，这次攻占莫尔兹比港的舰队主要由 14 艘运兵船构成，由 1 艘轻巡洋舰、6 艘驱逐舰护航。掩护这支船队的是由“祥凤”号轻型航空母舰、4 艘重巡洋舰和 1 艘驱逐舰组成的南下舰队。两支舰队保持着 170 海里的距离，浩浩荡荡出发了。

作为图拉吉岛登陆掩护的“祥凤”号轻型航空母舰及掩护舰只向西航行准备与登陆部队会合，同时机动部队第 5 航空战队进驻珊瑚海。但实际上，前来迎击的美国第 17 和第 8 特混舰队已先于日本机动编队进入珊瑚海，于是就发生了海战史上有名的珊瑚海海战。

1942 年 4 月，也就是同盟国连续遭到军事失败的第 4 个月。远东地区一片混乱，唯一能够让丘吉尔感到安慰的是美国轰炸了东京。这个行动在一段时间内振奋了美国人的精神。起初，美国参谋长联席会议和日本参谋本部认为此次行动不过是起到了宣传作用。事实上，美国袭击东京所造成的影响远远超过他们所能想得到的。杜立特的这次袭击所带来的收获很大，同时还引起了一系列的事件，在这之后，美国甚至找到了遏制日本的机会了。

丘吉尔

日本东京被轰炸以后，日本海军产生了很大的反应，他们几乎把联合舰队的所有军舰都派出去了。这就产生了大量的无线电信号，珍珠港的情报处开始逐渐破译日本的电码，并用分散的情报逐渐绘制出日本联合舰队的进攻矛头，这为美国海军赢得一场出乎意料而又至关重要的胜利提供了机会。

虽然美国此时没有可与日本匹敌的海军力量，但他们在秘密电子战方面拥有巨大的优势，而电子战恰恰是在辽阔的太平洋战场上取得战术优势的关键。

日本联合舰队疯狂追逐哈尔西正在撤退的第 16 特混舰队，这为美国情报拼板增添了许多材料，美国费力地将这些拼板凑在一

拉包尔的日军基地

起，以便揭开日本在第二作战阶段行动的秘密。

3 月 25 日，一封电报暗示，MO 指的是新几内亚南端的莫尔兹比港，RZQ 指的是附近的水上飞机基地，这两个代号在来往的密码电报中大量出现，似乎表明日军正在南进。随后再次破译的一份电报证实了这个情报，这份电报是在美国袭击东京之后一个星期发出的。美国海军要求提供一千份在进攻计划中使用的文件和一幅完整的澳大利亚地图。

3 天后，破译的另一封电报清楚地写道："MO 的目标首先是限制美国舰队的活动，将以沿着澳大利亚北部海岸发动进攻的方式实现这一目标。"在这个月里，美国海军集中了拉包尔的电报，发现电报数量增加了，表明日军正在加紧集结飞机、船只和军队，他们准备南下进攻澳大利亚。

约瑟夫·罗彻福特破译日军关于中途岛计划所起的作用非常大。他通过有根据的猜测来填补情报拼凑中缺少的部分，同时通过破译密码来做出解释。

罗彻福特有着超人的记忆力，他在多年学习日文和研究日本海军作战的过程中积累了丰富的知识，有很强的直观判断能力。他是珍珠港太平洋舰队作战情报处 8 名经过精心挑选的密码破译员的头头，也是他们的主要鼓舞力量。这个情报处在破译日本舰队密码方面逐步掌握了一种特殊的技能。他们的独特工作能力赢得了尼米兹的信任，尼米兹越来越依赖他们提供的情报，并把这

约瑟夫·罗彻福特

些情报当作在太平洋战争中关键作战阶段的秘密武器。

太平洋舰队情报部根据罗彻福特的作战情报处提供的情报，全面掌握了日本海军的动向。情报部是由埃德温·莱顿领导的，当尼米兹接管指挥权的时候，他保留了这位有希望的年轻军官，尼米兹很赏识他的才能。因为罗彻福特有着很敏锐的洞察能力。他常常能察觉出敌人下一步行动。莱顿分析情报的依据，不仅有破译的密码，而且有大量的原始无线电情报，这些都是他在远东值勤时所积累的经验，这些经验使他具有以日本人的眼光看太平洋的独特能力。

情报处的工作人员将截收的信号所提供的零散情报集中起来。在日本海军指挥部发出第一批作战命令之前几天，他们就预见到了日本海军正在向俾斯麦群岛和新几内亚方向前进。显而易见，日军的意图是要部署几艘航空母舰、南海陆军师和第25航空战队，发动一场大规模的战争。

4月3日，罗彻福特在他的太平洋舰队作战日志写道："日本人现在能够同时袭击莫尔兹比港和图拉吉岛。"3个星期以后，华盛顿海军部情报处破译了日方发给日本第 4 舰队司令井上成美的命令。因此，美国人知道从印度洋返回的南云忠一突击舰队派出的 2 艘航空母舰一旦抵达马绍尔群岛的特鲁克基地，就立即开始执行“MO 作战计划”。

尽管通过破译密码使美军已知日军即将对莫尔兹比港实施登陆，同时先遣队将先占领图拉吉岛，并基本掌握了日方投入的兵力。但要尼米兹下决心阻止日军登陆莫尔兹比港的行动，这并不是一个能够轻易做出的决定，因为对盟军来说，集结必要的兵力对付即将到来的日军并不容易。

尼米兹

此时，被日军潜艇击伤的“萨拉托加”号航空母舰正在西海岸修理。“企业”号航空母舰和“大黄蜂”号航空母舰在袭击东京的返航途中。可供使用的只有第 8 特混舰队的“列克星敦”号航空母舰和第 17 特混舰队的“约克城”号航空母舰，另有 8 艘巡洋舰和 13 艘驱逐舰。

美国海军聚集足够的力量阻止日本进军澳大利亚的能力现在成了问题，尼米兹的全部航空母舰不能集中起来在珊瑚海进行大海战。

1942年4月30日，“约克城”号航空母舰补充了给养后驶出了珍珠港。同一天，在离珍珠港3475海里的太平洋上，日本运兵船在驱逐舰的护卫下，横渡所罗门海驶往图拉吉岛，这批日军预定在5月3日登陆。

事实上，日本人并不知道，在5月的头3天，美国人知道了他们的整个计划，在那3天里，日本大部分最后的作战命令都被美国破译了。在珍珠港太平洋舰队司令部临时作战室里，美国军官摊开了一张珊瑚海地区图。这张地图和描图纸别在一起，钉在两个锯木架上面的一张胶合板上，参谋人员用铅笔标出敌人海军部队的进展情况。

预料日军入侵莫尔兹比港的部队所走的路线，是从拉包尔出发，然后拐向巴布亚顶端的卢伊西亚德航道。蓝色铅笔标出将要会合的美国部队，从夏威夷往西行驶，但离会合地点还有大约3218公里，是哈尔西指挥的2艘航空母舰特混舰队。菲奇海军少将的“列克星敦”号航空母舰，将在新赫布里底群岛以西大约217海里的珊瑚海上一个标作“巴特卡普角”的会合地点，同弗莱彻的“约克城”号航空母舰会合，组成第17特混舰队。从东面开出的是格雷斯部队的2艘澳大利亚巡洋舰，它们将得到从夏威夷派出的“芝加哥”号重型巡洋舰和“珀金斯”号重型巡洋舰的增援。

这种情报提供的重要线索，揭示了“胜利病”如何促使日本人在长长的战线上开始很多的战事，从而分散他们的优势。由于事先知道了敌人战略的弱点，很快，尼米兹将他有限的海军力量集中起来。逐个对付敌人的行动，从而破坏了日本南下和西进太平洋的企图。

当“MO作战计划”开始执行的时候，井上成美没有得到任何警报，他不知道他们已经吸引了一支强大的同盟国海军力量，这股力量正在珊瑚海集结，正准备全力以赴阻止日军南进计划。在后来的6个月中，这个点缀着棕榈树岛屿的碧海，将是一个发生一系列冲突的血腥战场，而这些冲突将决定太平洋战争的命运。

莫尔兹比港

★如何破译密码

从阿拉斯加到澳大利亚，环绕太平洋的一系列无线电站的监听者，接收到了各种各样的密码电报。然后将电报发给华盛顿海军部情报处为劳伦斯萨福德工作的密码破译人员，或发给在珍珠港由约瑟夫·罗彻福特领导的太平洋舰队作战情报处。

自从战争开始以来的5个月里，密码破译人员日夜煞费苦心地破译5位数一组的日本海军主要作战密码，这种密码被称作“日本海军25号”。除了日常通讯外，密码破译人员还使用特别安全的“梳子”信号波长，以便珍珠港、布里斯班和华盛顿的海军情报机关在探索电报的规律的时候，可以互相交换不断截收到的情报。

破译一组一组的密码的线索，要从两个字母的地名密码、时间密码、船只与指挥官的呼叫信号等密码的相似之处和反复出现的形式，以及从摩斯电码发报者的相同“手迹”中去摸索。这些情报记录在长12.7厘米、宽20.3厘米的活页纸上，活页纸则被一叠叠地放在敞口的箱子里作为备用，太平洋舰队作战情报处称这些活页纸为“卡片”。12月7日，美军在珍珠港击落一架日本飞机，从飞机上抢救出来的文件列有空中密码和船只呼叫信号密码，这些密码为美军提供了第一批重要的线索。

破译密码电报的过程是一个非常艰难的过程，必须不断地摸索。对于华盛顿海军部情报处和珍珠港太平洋舰队作战情报处的密码破译员来说，在日本舰队3天徒劳的追逐期间截收到的大量电

“列克星敦”号航空母舰甲板上的美军士兵

报是一个很大的收获。这些情报给美国人提供的信息不仅是山本五十六联合舰队的每一艘军舰几乎都已出海的记录，而且还暴露了山本五十六这次大规模行动的目的。

美国的密码分析员编纂的“日本海军25号”密码字典里又增添了许多词汇。其实为了保守机密，东京海军参谋本部原来打算在4月1日更换那两部电码本，但是日本人深信他们的双层密码别人是破译不了的。他们又犯了“胜利病”，将更换日期推迟到5月1日，后来又推迟到6月1日，因为将新“字典”送到每一艘军舰上是一件很麻烦的事情。

因此，美国海军情报机关到了4月底的时候对“日本海军25号”密码非常熟悉，以致每天能破译截收到的全部密码电报的二十分之一。这些情报，加上从比较容易破译的密码电报中收集到的情报，美国描绘出一幅有关日军部署和意图的清晰图画。

4. 首战珊瑚海

1942年5月4日，珊瑚海海战爆发。这是美国和日本首次在航空母舰上以舰载机进行远距离实战的海战。该战役持续到5月8日，这是太平洋战争中很重要的一次战役。

5月3日，当弗莱彻接到日军正在图拉吉岛登陆的消息时，他的“约克城”号航空母舰仍然在巴特卡普角以西80多海里的海面上。

“这是我们等了一个月的消息”，弗莱彻立即中断加油，命令舰队以27海里/小时的速度向北驶往所罗门群岛中部。他严格遵守无线电静默的规定，并派出一艘驱逐舰寻找菲奇海军少将，以便安排一个第二天会合的新地点。

5月4日拂晓，“约克城”号航空母舰到达瓜达卡纳尔岛西南约86海里的海面，由于雾霾的影响，使得珊瑚海之间好像有一层厚厚的屏障隔着似的，因此，日本水上侦察机并没有发现美国军队。美国航空母舰战斗机驾驶员向图拉吉岛附近海面上的日本部队发动了一系列袭击，摧毁了日本水上飞机，发回了日本军舰被击沉的夸大报告，弗莱彻兴高采烈地向珍珠港报告了胜利喜讯。事实上，弗莱彻高兴得太早了。

之后，尼米兹对所谓的图拉吉岛战斗的重新评价是：“从消耗的弹药和取得的战果来比，这场战斗肯定是令人失望的。”因为对于穿过了瓜达卡纳尔上空云层的美国俯冲轰炸机和“野猫式”战斗机来说，作战条件是非常理想的。但是飞行员未能协同攻击，而且当他们从 51.81 千米的冷空俯冲到潮湿的低空时，挡风玻璃上的雾气把他们的视线挡住了。事实上，美军仅仅击沉了一艘驱逐舰、一艘布雷艇和一条运兵船。

不过，美国这次突然袭击确实迫使日本登陆部队撤走。当井上成美发现高木武雄的航空母舰离得太远，不能提供支援时，他只把一个小小的守岛部队留在岛上。当地部队指挥官的紧急呼救，迫使后藤存知的重型巡洋舰和“祥凤”号轻型航空母舰急速往西行驶。后藤存知在当天下午赶到瓜达卡纳尔岛附近海面，却发现美国人已经消失在东南方向的迷雾里。

这一袭击的另一失误是暴露了美军的实力。

5 月 6 日，在密云的掩护下，弗莱彻同格雷斯的重型巡洋舰和菲奇海军少将“列克星敦”号航空母舰会合，都加了油。珍珠港的最新情报表明，用2艘航空母舰提供空中掩护，同时入侵莫尔兹比港的部队，将于第二天穿过卢伊西亚德群岛。弗莱彻于是向西直驶珊瑚海。弗莱彻并不知道他在那天下午已被一架到处搜索的日本水上飞机发现了。

日方得知2艘美国航空母舰正前往截击入侵莫尔兹比港的日本船队的消息后，这让在拉包尔的井上成美的司令部产生了很大的恐慌。司令部紧急命令运输船停止前进。高木武雄率领的以“翔鹤”号航空母舰和“瑞鹤”号航空母舰为主力的机动部队收到警报时正在瓜达卡纳尔以南加油，等到他准备将距离缩小到可以发动空袭的时候，舰队碰到了厚厚的云雾。于是，高木武雄决定继续加油，待黎明再去追逐。

如果弗莱彻在5月6日晚上知道他和日本舰队之间相隔还不到86海里，那么他在黎明时将舰队兵分两路时就会更加犹豫了。根据作战计划，弗莱彻派遣格雷斯往西守卫卢伊西亚德群岛的南面出口，他的主力舰队则向北行驶，封锁乔马德航道。

5月7日4点许，由于已基本得知美国舰队的方位，日本机动编队派出12架舰载机分为6组，在180°至270°方位之间，250海里距离内搜索敌人。5点45分，向南搜索的日本飞机报告：“发现敌航空母舰、巡洋舰各1艘。”日方估计这必定是美国的第16特混舰队，于是，在6点至6点15分，日军先后从“瑞鹤”号航空母舰起飞9架“零”式战斗机、17架轰炸机、11架鱼雷机，从“翔鹤”号航空母舰起飞9架“零”式战斗机、19架轰炸机、13架鱼雷机，一共78架，飞向美军的舰艇。但到达目标上空才发现并不是美军的第16特混舰队，而是6日下午与弗莱彻本队分手的美国“尼奥肖”号油船和“西姆斯”号驱逐舰。

“尼奥肖”号油船和为它护航的“西姆斯”号驱逐舰奉弗莱彻之命在舰队的尾巴静静地等候，现在只有一小时的喘息时间。为了寻找第16特混舰队的主力，发动袭击的日本飞机飞走了。日军飞机经过反复搜索仍然没有找到其他目标，于是在正午的时候又飞回来，打算将美国的这两艘舰船处理掉。

“西姆斯”号驱逐舰的炮手好不容易将第一批攻击机挡开了几分钟，接着3队日军俯冲轰炸机同时呼啸着俯冲下来，很快它被日军的炸弹炸成两截，没过多久，“西姆斯”号驱逐舰沉入了大海。

美国海军“约克城”号航空母舰

而美国“尼奥肖”号油船中了7颗炸弹，还有许多炸弹在它的周围爆炸，溅起一道道水柱，这艘油船着火了，日本飞行员相信它很快就要沉没。然而，消防队员扑灭了火焰，这艘油船在海上漂浮了4天，最终还是沉入了大海。“西姆斯”号驱逐舰上的幸存者靠救生圈苦苦地撑了10天，最后被一艘营救的驱逐舰发现。在这场战争中，美军幸存者有68人。

弗莱彻的航母主力与油船分手后正在向西行驶，以拦截日军的登陆舰队，美国舰队犯了与日军类似的错误。黎明之后2个小时，“列克星敦”号航空母舰上的一架巡逻机发回报告，“发现了2艘航空母舰和4艘重巡洋舰”。弗莱彻以为这是日军的航空母舰部队，则决定以其全力实施攻击。由“列克星敦”号航空母舰派出28架俯冲轰炸机、12架鱼雷机、10架战斗机，由“约克城”号航空母舰派出25架俯冲轰炸机、10架鱼雷机、8架战斗机，共计93架舰载机先后飞向目标。直到这些美国飞机已飞往目标很久时，之前那架巡逻机方才返回“列克星敦”号航空母舰，报告自己只发现2艘轻型巡洋舰和2艘炮艇。由于密码错误，日军的舰艇被夸大成一支突击部队。

日本“祥凤”号航空母舰在美国“列克星敦”号航空母舰出动的俯冲轰炸机飞来的关键几分钟里，它是沿着一条直线行驶，使自己成了容易攻击的目标。美国俯冲轰炸机后面跟着“约克城”号航空母舰出动的第一批鱼雷机，这些鱼雷机是在收到无线电后，赶紧飞过来的。

在美国“列克星敦”号航空母舰和“约克城”号航空母舰上拥挤的无线电室中，美国人收听着袭击逐步展开的实况报告。每当报告一颗炸弹击中目标，他们便发出激动的欢呼声。在海战战场，日本“祥凤”号航空母舰周围的护卫舰发射的高射炮火在天空中开花，当美国飞行队的最后一架飞机赶到战场的时候，“祥凤”号航空母舰已经变成了一团向前开动的火球。

经过93架美国战斗机和轰炸机半个小时的轮番进攻，日本“祥凤”号航空母舰上只剩下6架“零”式战斗机。为了挽救这艘被挨打的航空母舰，它们做出了疯狂地努力。但是“约克城”号航空母舰出动的第二批鱼雷机给了它们致命的一击。美军炸弹摧毁了“祥凤”号航空母舰剩下的可用高射炮，“祥凤”号航空母舰甲板下面的过道里横七竖八地躺满了伤兵。就这样，日本“祥凤”号航空母

日本海军“瑞鹤”号航空母舰

舰的动力停了，它的抽水机也停止了转动，可怕的烈火在船身上蔓延，“祥凤”号航空母舰已中了 13 颗炸弹和 7 枚鱼雷。

舰长下令弃舰，他们都跳进了海里逃生。几分钟之后，“祥凤”号航空母舰沉没了，海面上只有一团黑烟，一片油污在珊瑚海扩散开来。这标志着日本海军在这里丧失了第一艘大型战舰。

很快，“约克城”号航空母舰的扬声器里传出狄克逊的声音：“敲掉 1 艘航空母舰。”2 艘美国航空母舰的无线电广播室里顿时爆发出一片热烈的欢呼声。

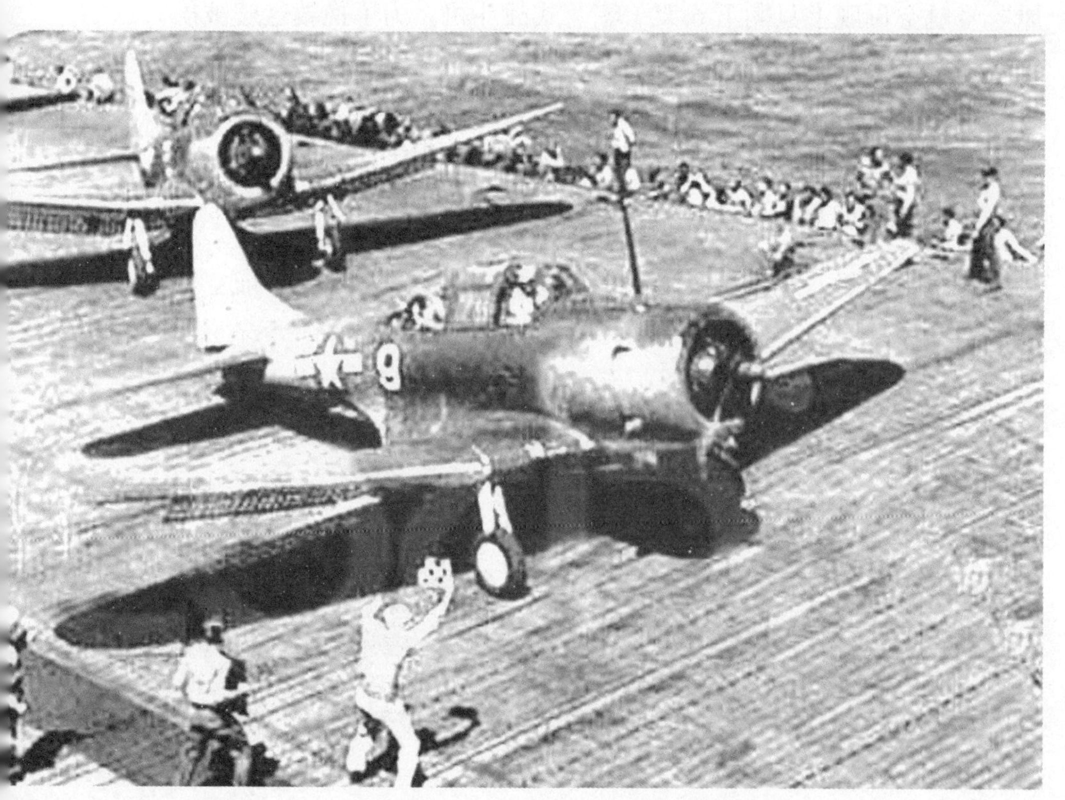

“列克星敦”号航空母舰上准备起飞的 SBD 俯冲轰炸机

当天午后不久，除了 3 架美国飞机以外，其他的飞机在“列克星敦”号航空母舰和“约克城”号航空母舰上平安降落，美国海军赢得了第一轮珊瑚海战斗的胜利。

此后弗莱彻打算寻找另外 2 艘日本航空母舰，他要在日本舰队向自己猛扑过来之前就向它发起进攻。就在弗莱彻的飞机降落的时候，旗舰收到报告：格雷斯的第 17 特混舰队在迪博伊恩岛南面 52 海里的海面上遭到日本岸基轰炸机的猛烈空袭。这个报告清楚地说明了弗莱彻任务的紧迫性。

在 5 月 7 日的战斗中，日、美双方都犯了挺严重的错误，但是最终损失比较大的还是日本人。日本的飞行队非常清楚美国航空母舰的位置，但是浪费了一个下午的时间来搜索 258 平方公里的海面，始终都没有发现躲在蒙蒙雨雾里的美国航空母舰。

傍晚，日本的这些飞机在返航时发现了美国舰队，但这些战机之前已抛掉了炸弹，很快就遭到了美国“野猫”式战斗机的拦截。在暮色中，几个迷失方向的日本飞行员搞错了，他们试图在“约克城”号航空母舰上降落。由于识别信号不对，美国高炮手发现了他们，并将其中的一架击落入海，另外几架在夜空的掩护下慌忙逃走。此时的弗莱彻马上意识到在附近肯定有日本航空母舰。

7 日晚上，美国和日本的指挥官都决定不进行夜战，以免损失各自的重型巡洋舰。日本和美国的双方指挥官都预料到，决定这场海战胜负的航空母舰之战必会在第二天进行。

美国“野猫”式战斗机

现在的海战，飞机取代火炮成为重要的投掷炸弹的工具。虽然双方舰队之间的距离不是以数十海里，而是以数百海里来计算的，但结果同样是以基本的火力原则决定的。

黎明时分，蔚蓝的海洋静悄悄的，珍珠港太平洋总部作战室的气氛越来越紧张。双方舰队的炮手在扫视着越来越亮的天空，航空母舰上的甲板人员在为飞机起飞做准备，飞行员在听情况简介，日本飞行员和美国飞行员都是匆匆地吃过了他们的早餐。

5 月 8 日，日出前最后一个小时里，珊瑚海 200 海里内的美国和日本航空母舰上做着同样的准备工作，唯一不同的是美国飞行员发的是巧克力，而日本飞行员发的是米糕。“列克星敦”号航空母舰迎着西风出动了 18 架侦察机，搜索第 17 特混舰队的北面和西面之间 86 海里的扇形海面的时候，离早晨 5 点 30 分的日出还有半个多小时。

2 艘日本航空母舰向南驶入云雾之中，也在黎明时出动一批侦察机。应该在哪里搜索，日本航空兵司令比美国人清楚得多。他依靠密云的掩护，在发现美国人之前的一个小时里，冒险出动鱼雷机、俯冲轰炸机和护卫战斗机，总共 69 架。

好像命中注定似的，美、日搜索的飞机几乎同时发现了彼此。8 点 15 分，美军飞行在最北边的侦察机发回报告：敌人的航空母舰特混舰队在“列克星敦”号航空母舰地东北约 152 海里的海面上，以 25 海里 / 小时的速度向南行驶。没过几分钟，美国航空母舰的无线电台收到了日本人兴高采烈的报告，这显然表明他们自己也被发现了。

随后，美国“约克城”号航空母舰和“列克星敦”号航空母舰一共起飞 15 架战斗机、46 架轰炸机和 21 架鱼雷机共 82 架飞机，扑向日本舰队。1 小时 45 分钟以后，美国突击机队发现日本“翔鹤”号航空母舰和“瑞鹤”号航空母舰正向东南方向行驶，2 艘航空母舰之间相距 6.9 海里，各由 2 艘重型巡洋舰和驱逐舰护航。

正当美国人利用宝贵的几分钟，在密云里组织进攻的时候，日本“翔鹤”号航空母舰趁机出动了更多的战斗机，“瑞鹤”号航空母舰则躲进了下着暴雨的海面附近。

一场决定珊瑚海海战胜负的战斗即将开始。

★幸运的弗莱彻

在珊瑚海的首次海战中，美国军队犯了一个很严重的错误。这些被召集前去袭击的飞机的飞行方向偏离威胁着美国第 17 特混舰队的日本舰队达 90°。然而，弗莱彻还是幸运的。日本水上飞机虽然发现了弗莱彻的舰队，但发出的无线电信号没有被高木武雄的航空母舰收到，日本的航空母舰上的飞机在下午之前一直在袭击美国“西姆斯”号驱逐舰和“尼奥肖”号油船。

在东南不到 86 海里的海面上，美国飞机飞得太远，无法保护弗莱彻的航空母舰。依靠着天气和运气弗莱彻的航空母舰并没有被日本飞机发现。美、日双方攻击舰队刚好处于相互攻击范围的边缘，但双方由于技术原因而没有发现对方，相互错过了先发制人的时机。

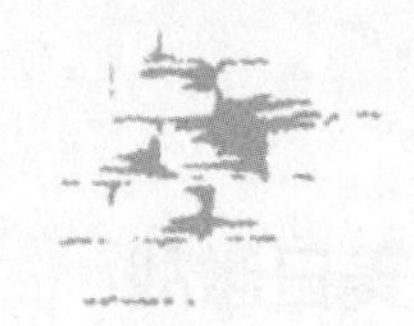

第二章

太平洋霸主

★为了确保这次以弱对强战役的胜利，尼米兹给两位特混舰队司令制定了一条重要的作战原则。他说：“在执行规定的任务时，你们必须遵循不轻易冒险的原则。这一原则应理解为：若无把握使优势之敌遭受较之我更大的伤亡，则要避免暴露自己，免受敌人打击。”

★在作战计划实施之前，尼米兹召开了一次军官会议，主要为了对形势进行最后一次深入细致地分析研究。

★在中途岛战役中起着主要作用的 5 位指挥官汇聚在尼米兹的办公室，他们正聚精会神地研究着中途岛战役中的关键问题。

★经过两天多的抢修，离开船厂时，“约克城”号航空母舰的外观发生了很大的变化。“约克城”号航空母舰可以再次出港参加海战了。

1. 美日激战

弗莱彻立即命令机队起飞，由“列克星敦”号航空母舰和“约克城”号航空母舰上空起飞的庞大机群立即向日本舰队飞去。

同样日本人也发现了美国舰队，69架飞机从“翔鹤”号航空母舰和“瑞鹤”号航空母舰上起飞，这个机群直接飞向第17特混舰队。

乔·泰勒在一队“野猫”式战斗机的保护下，率领鱼雷机中队展开进攻。它们冒着密集的高射炮火，低空掠过“翔鹤”号航空母舰的左舷船首，攻破了18架“零”式战斗机的严密防御。

美国飞行员向防卫严密的日本舰队的航空母舰发起首次进攻，当他们面对真正的强敌时还是乱了阵脚。美国飞行员们缺乏协调鱼雷机和俯冲轰炸机进攻的实战经验，他们没能发挥数量上的优势，这个优势曾使他们在前一天对付“祥凤”号轻型航空母舰时轻易地取得了胜利。鱼雷射进海里，偏离目标很远，轰炸是盲目的。只有两颗炸弹击中目标，“翔鹤”号航空母舰的飞行甲板上因燃油泄漏而起火。

十多分钟以后，“列克星敦”号航空母舰上的飞机赶来了，但难以发现厚厚的云层底下的日本军舰。因此，美军的进攻再次受挫。15 架轰炸机好不容易发现了一个日军目标——“翔鹤”号航空母舰，但这些轰炸机只有 6 架“野猫”式战斗机保护，很容易被“零”式战斗机冲散，“零”式战斗机击落了 3 架美国飞机。他们的鱼雷进攻再次失败，美国的轰炸机只投中 1 颗鱼雷。

“鱼雷速度慢，射程远。我们可以拐弯躲过它们。”这是日本人报告时的评论。

但美国飞行员的报告不是这样。泰勒在第一次攻击之后乐观地说道，“左舷首尾约 15 米至 30 米、从吃水线到飞行甲板是一片火海。”“在发动进攻之后约 15 分钟，最后看到这艘航空母舰时，火烧得很猛烈。据可靠的消息说它受到了非常严重的破坏，最后沉掉了。”

日本“翔鹤”号航空母舰

“列克星敦”号航空母舰以为他们攻击的是“瑞鹤”号航空母舰，报告说这艘航空母舰正在“迅速下沉”。这次进攻美国损失了43架飞机，虽然“翔鹤”号航空母舰着火逃走，在火被扑灭前的一小时丧失了出动飞机掩护的能力，但它的吃水线以下的部分并未受损。舰上一百多人死亡，它减速向北撤退时，仍然能进行战斗。

所剩的美军飞机在返航时，却发现日本能够发动更有效的进攻。由于有雷达，“列克星敦”号航空母舰的战斗机指挥官在敌机正处于东北方向60多海里的空中时就知道了日军的到来，于是，

“翔鹤”号航空母舰正受美军轰炸机的攻击

起飞战队机进行截击。

美军只有17架“野猫”式战斗机起飞，其中大多数在“战斗突然爆发”的时候，还没有飞到第17特混舰队上空足够高的位置。一半的战斗巡逻机由于剩下的油太少而不能起飞截击，已经起飞的“野猫”式战斗机，4架没有找到敌人，2架被“零”式战斗机制服，还有3架没有达到足够的高度，不能阻截日军俯冲轰炸机的进攻。

菲奇海军少将也出动了23架俯冲轰炸机，用来加强微弱的空中防务力量。虽然这些飞机的速度慢、装备比较差，不能像战斗机那样发挥作用，但它们击落了4架飞得比较慢的日本鱼雷机，当然，美军也损失了4架飞机。

“列克星敦”号航空母舰上的战斗机指挥官收到了巡逻机发来的“敌人逼近”的无线电警报。日本飞行员正朝着美国的航空母舰飞来，在没有阳光的优势下发起进攻，他们占了有利条件。日本飞机朝着“列克星敦”号航空母舰的左舷和右舷投掷鱼雷。

弗雷德里克·谢尔曼喝令舵手转满舵，但是这艘庞大的4万多吨的航空母舰反应太慢。投下的11枚鱼雷中，2枚在它的左侧爆炸。在甲板下面，大火的烟从通风管和被打坏的锅炉房里冒出来，很多人受到了严重的烧伤。

在“列克星敦”号航空母舰后面不远处的“约克城”号航空母舰同样受到了日本飞机的注意。“约克城”号航空母舰仅有的战斗机企图靠近，以便避开日本飞机的攻击。日军的一批鱼雷机只是从左舷舰首发动攻击，因此这艘较小的航空母舰可以轻易地掉转，避开这批敌机。

“约克城”号航空母舰的转舵比较灵活，使得它可以轻易躲避日军俯冲轰炸机。“约克城”号航空母舰只是在上层建筑的附近挨了一颗 362 公斤的炸弹，这颗炸弹穿过厚厚的飞行甲板、舰艇厨房和机库甲板，最后掉在 15 米以下的第四层装甲板上爆炸。除了 66 人死亡或受了重伤以外，损害最严重的是舰上的冷饮柜、洗衣房和水兵宿舍。周围一片漆黑，甲板下面一片混乱，轮机员以为他们遭到严重的打击，暂时关闭了两个锅炉房。由于“约克城”号航空母舰灵活地进行规避，日本飞机的攻击未见成效。

这场舰船和飞机之间的战斗在上午 11 点 30 分达到了高潮。日军的飞机从四面八方猛冲过来，“列克星敦”号航空母舰的战斗机油快耗完了，企图平降在这艘航空母舰被打坏了的甲板上，结果有几架翻进了海里。这场遭遇战只持续了 13 分钟，日本人在飞走的时候兴高采烈地向指挥部报告称“替‘祥凤’号航空母舰报了仇，并顺利地击沉了一艘‘大型航空母舰’和一艘‘中型航空母舰’。”日本航空兵司令轻信了这一报告。

日本方面认为自己的飞行员已经击沉了 2 艘美国航空母舰。

美、日双方的这场冲突已经结束。就在战斗的硝烟逐渐消散的时候，弗莱彻也认为自己是胜利者。“列克星敦”号航空母舰尽管被鱼雷和炸弹击中，产生 7° 横倾，但该舰调整燃油之后恢复了平衡，可以继续接纳返航的飞机着舰。它和“约克城”号航空母舰加快了速度，准备再次袭击日军。

但是“列克星敦”号航空母舰最终还是没有逃过沉没的劫难。由于燃油泄漏，“列克星敦”号航空母舰舰内突然发生爆炸，并引起大火，火势迅速蔓延，以至无法控制。

“列克星敦”号航空母舰猛然一扭，它的舱内发生了爆炸。谢尔曼听见爆炸声突起，他最初以为中了潜艇发射的鱼雷。舰底下的水密舱里弥漫着令人窒息的烟尘，舰壳蹿出一连串的火舌。电机室的一台发电机冒出的火花，点燃了被最初的鱼雷打坏的舰底油箱渗出来的油，引起了这场好像是炸弹所为的致命爆炸。救火队急忙赶

“列克星敦”号航空母舰舰内部发生了猛烈爆炸

来救火，与此同时，“列克星敦”号航空母舰继续以25海里/小时的速度航行了一小时，以便让它的一批战斗机在甲板上着陆。

随后，“列克星敦”号航空母舰内部又发生了一系列致命的爆炸。它的主桅上挂起了三角旗，这是“这艘舰需要救援”的信号，它的速度越来越慢，在倾斜的飞行甲板上充满了乌黑的油烟，安全阀还放出滚滚白色蒸汽。舰上的救生圈被取了下来，过道里灯光昏暗并且灌满了烟，伤员们从过道被抬到甲板上面。“莫里斯”号驱

浴血奋战的“约克城”号航空母舰

逐舰和“哈曼”号驱逐舰顶风开来，靠拢庞大的“列克星敦”号航空母舰，开始营救幸存者。

15点左右，舰长下令全体舰员离开“列克星敦”号航空母舰。17点许，“费尔普斯”号驱逐舰奉命对其发射5枚鱼雷，“列克星敦”号航空母舰于17点56分沉没。已经降落到该舰的36架飞机也随之沉入大海。美国第17特混舰队“约克城”号航空母舰上虽然尚有轰炸机和鱼雷机27架、战斗机12架，但已入夜，弗莱彻无意再战，遂率队撤离战场。第二天，“瑞鹤”号航空母舰的飞行员为追击美国军舰再次进行侦察巡逻时，海上只有“列克星敦”号航空母舰的残骸了。

“祝贺你们在最后两天中取得的光荣成就”，尽管尼米兹向弗莱彻发出了这样的电文，但珍珠港的司令部中笼罩着阴郁的气氛，因为“列克星敦”号航空母舰沉没了，日本联合舰队受到了多大的打击，美国人还很难判断。

失去“列克星敦”号航空母舰使弗莱彻放弃了派遣巡洋舰队进行夜战的打算。在接到尼米兹关于不要用剩下的航空母舰进行不适当的冒险的命令之后，第17特混舰队便向东南方向驶往努美阿。

另一方，日本高木武雄当天向着所罗门群岛北部航行了一夜，那儿有一艘油船等着执行紧急加油的任务。虽然受伤的“翔鹤”号航空母舰正以较慢的速度驶往特鲁克基地，它仍然能够实施一次全面空袭，因为有用的飞机已经转移到未受伤的“瑞鹤”号航空母舰。可是高木武雄也不想再追了，无论是他还是他的航空兵司令，都认为没有理由怀疑他们的飞行员所说的“美国航空母舰确已葬身珊瑚海海底”。

井上成美已经决定召回入侵莫尔兹比港的部队，再次推迟入侵巴布亚半岛，直至拥有更多的航空母舰和岸基飞机能够赢得珊瑚海的制空权为止。当山本五十六在午夜收到召回入侵部队的电报时，他气愤地发电报命令后藤存知和高木武雄改变航向去“消灭敌人”。

第二天上午，“瑞鹤”号航空母舰的飞行员起飞去进行另一次黎明侦察巡逻。在后来的两天中，他们在波光粼粼而又寂静的珊瑚海上航行，海上仅有第一次海战留下的尸体。在这场海战中，双方均用飞机攻击对方的舰艇，双方的指挥官均没有看见对方的舰只。

与每场战役一样，珊瑚海海战也是冰冷和残酷的。“列克星敦”号航空母舰的水手们在飞行甲板下进行着抵抗的时候，“约克城”号航空母舰也中了弹，它的密码室被一颗炸弹炸得粉碎，雷达因此失去了作用。这使得俯冲轰炸机攻击队队长比尔·奥尔特返回航空母舰的希望化为泡影。

奥尔特和他的报务员在攻击“翔鹤”号航空母舰时负了伤，当时，他发现自己处于一个飞行员最危险的境地——在茫茫大海的上空迷失了方向，而油位指针在零度上面晃动。奥尔特用无线电呼叫到“约克城”号航空母舰。

“约克城”号航空母舰：“最近的陆地在 173 海里开外。”

日本海军“翔鹤”号航空母舰被美军击中，正在起火燃烧

奥尔特：“我们永远到不了那里。”

“约克城”号航空母舰：“靠你自己了！祝你顺利！”

奥尔特：“请向‘列克星敦’号航空母舰转达。我们把一颗453公斤的炸弹丢到一艘军舰上了。我们两人都报告了两三次。敌人战斗机飞来了，我改向北飞行。请告诉我，你们是否收听到我的话。”

“约克城”号航空母舰：“收听到了，靠你自己了！我将转达你的话，祝你顺利！”

“约克城”号航空母舰被日本飞机重创，舰上损管人员拼命抢修

奥尔特:“好，再见。我们的1颗453公斤的炸弹击中了一艘军舰!”

这是人们最后一次听到比尔·奥尔特的声音。

珊瑚海一战，基本吹散了笼罩着太平洋舰队的失败阴霾。但是，还没等尼米兹品出胜利的味道，他接到一个令人心惊肉跳的消息。

★正确评论珊瑚海海战

日本损失了77架飞机和“祥凤”号轻型航空母舰，1000多人死亡。美国海军损失了66架飞机、1艘油船、1艘驱逐舰和“列克星敦”号重型航空母舰，“约克城”号航空母舰被击伤，约543人死亡。如果按航空母舰的吨位计算，日本海军算是取得了珊瑚海海战的胜利。

但是，被击沉的舰只的数目并不一定意味着取得战略上的胜利。如果把珊瑚海海战对随后一系列事变的结果所产生的影响相衡量的话，那么美国及其盟国毫无疑问取得了决定性的胜利。自从珍珠港事件以来，日本海军不可战胜的气势第一次遭到沉重的打击，这是一个将使战略力量发生重大变化的事件。

美国以有限的损失削弱了日本联合舰队的优势，这将严重影响山本五十六谋求在中途岛同太平洋舰队摊牌的行动计划。

从战略的角度来看，珊瑚海之战无论对美国、对太平洋战局、

“约克城”号航空母舰被日军重创，舰体严重倾斜

对世界海战史都有深刻的意义。在近代的海战，都是双方军舰接近到较近距离之内再用舰炮解决问题，而珊瑚海海战则全然不同，双方的军舰没有开炮或者发射鱼雷也没有进入对方的视线之内，他们是从上百海里以外的远距离用携带的舰载机来取胜。

珊瑚海海战对后来太平洋战争进程的直接影响就是：美国用1艘航空母舰的沉没换取了2艘日本航空母舰不能参加中途岛战役。否则在中途岛美、日航空母舰的比例将是4：6，而不是3：4，从一个月后的中途岛大战看，这种差别所带来的影响非常重要。

珊瑚海海战是海战史上第一次航空母舰之间的较量，也几乎是太平洋战争中力量最均衡的一役，这基本上反映出了双方的战斗力。珊瑚海海战可以说是“太平洋史诗”最恰到好处的一个“引子”。

2. 周密的计划

1942年5月27日13点45分，集合号响起。13点52分，尼米兹登上军舰，在军乐队的鼓声和乐声中，陆战队仪仗队持枪敬礼，水手长吹起了哨子，桅上的四星旗迎风飘动。虽然尼米兹要处理许多紧急事务，要操心许多的问题，但他还是在百忙中抽出时间亲自为那些“穿着洁白的军服、整齐地站在飞行甲板上”的官兵授勋。

授勋依照军阶高低依次进行。站在队列第一位的是“企业”号航空母舰的舰长乔治·D·默里，他被授予海军十字勋章。全舰上下都知道他的价值，早在太平洋战争爆发初期，“企业”号航空母舰的船员就议论说：“哈尔西将军带我们去战斗，默里将带我们结束战争。”

克拉伦斯·韦德·麦克拉斯基

随后，尼米兹走到“一流飞行员”克拉伦斯·韦德·麦克拉斯基面前，授予他一枚优异飞行十字勋章。

在后来发生的战斗中，这位美国飞行员立下了对战役结局产生重大影响的功劳。站在麦克拉斯基身边的罗杰·梅尔被授予同样的勋章。

“我以美国总统的名义，非常高兴地授予你优异飞行十字勋章。”说着，尼米兹在克利奥·J. 多布森的胸前别上了勋章。多布森站在队伍的倒数第二位，他不久将要晋升为中尉。“谢谢长官！”多布森回答尼米兹。他和将军握手后，后退一步，举手敬了个礼。

在“企业”号航空母舰上，队列里的最后一位是炊事值勤兵多丽丝·米勒。他骨架硕大，胸部宽厚。他因在珍珠港被袭时表现勇敢而获得了海军十字勋章。尼米兹给他戴上勋章时，他笔直地站着。米勒是“这次战争中太平洋舰队里接受如此崇高荣誉的第一个黑人”。

授勋活动结束后，尼米兹走下“企业”号航空母舰，他心中油然升起一股激动和自豪之情。尼米兹很清楚，山本五十六庞大舰队的人员和舰只，远远超过美国能够派往中途岛的数量。但是，有这些部下，尼米兹不害怕和日本人进行较量。

同日 13 点 52 分，“约克城”号航空母舰像一头受了重伤的巨兽，喘着粗气缓缓驶进珍珠港，在它的身后留下一条长达十几公里的油迹。“约克城”号航空母舰的上甲板被炸得裂开了一个大口子，周围是一片烧焦的痕迹，在上甲板的下层，摆着 40 口棺材，两端站着持枪的卫兵，舰上医务室里挤满了伤员。

14点20分，“约克城”号航空母舰开始进入泊位。此时，一位参谋跑来告诉弗莱彻：尼米兹要见他。弗莱彻点点头，温和地回答说：“我得先去喝一口。”那位参谋感到十分惊讶，参谋感觉让四星上将尼米兹等着而弗莱彻自己却去喝酒，这种行为很不好，他便对弗莱彻说：“将军，最好别这样，尼米兹上将要你马上去。”

弗莱彻

“不，我要先喝一口再说。”弗莱彻的态度很坚决。

弗莱彻离开瓦胡岛已有102天了。102天以来，他滴酒未沾。此刻，他很盼望登上海岸后能够开怀痛饮一番。最后，他真的是先去喝酒了，这就是有个性的弗莱彻。

喝过酒后，弗莱彻和他的好友第17特混舰队巡洋舰分队司令威廉·沃德·史密斯一起来到了尼米兹的办公室。尼米兹正在同他的参谋长德雷梅尔研究作战事宜，尼米兹见弗莱彻走了进来便热情地与他打招呼。

弗莱彻首先简要汇报了珊瑚海海战的情况。接着，尼米兹向弗莱彻简要介绍了日、美双方的兵力部署态势。随后，尼米兹说：“我们要立即为你做出安排，派你到中途岛去。”

“中途岛？”弗莱彻没有做任何的思想准备，他满脸疑问。

“是的，中途岛。”尼米兹立即答道，“日本人想夺取它，所以你得去。”

尼米兹继续说：“日本人对占领中途岛很有把握，他们甚至已经命令日本海军船厂的一名厂长准备在 8 月 12 日登岛上任了。”

尼米兹告诉弗莱彻，日本人企图于6月 3 日或4 日占领中途岛，时间很紧迫。弗莱彻此时才知道美国破译了日本海军的高级密码，

美国海军 TBF“复仇者”式鱼雷攻击机

而曾经是海军密码分析专家的史密斯也估计到美国应该破译了日军的密码，他们对此没有产生疑问。

“根据我们掌握的情报，日军至少有 4 艘航空母舰和一支实力雄厚的部队支援中途岛登陆作战。”尼米兹说，“无论如何，美军都必须守住该岛，太平洋舰队必须击退日本舰队的进攻。”

另外，尼米兹还提到：哈尔西由于身体原因已经住进了医院，他已让斯普鲁恩斯接任第 16 特混舰队司令。尼米兹在向弗莱彻介绍完有关情况后，要求斯普鲁恩斯立即到他的办公室来，与弗莱彻三人一起研究敌情，制订计划。

其实，这个时候在尼米兹的头脑中已经形成了一个比较完整的作战计划。在尼米兹的作战计划中，一个起着决定性作用的要点是：弗莱彻和斯普鲁恩斯两支特混舰队须部署于日军搜索范围以外的中途岛东北方向，而美国侦察机须自中途岛飞出 700 海里，在航程短得多的日本舰载飞机发现美国航空母舰之前，必须侦察出日本航空母舰的位置，以便主动对日本舰队实施攻击。

为了确保这次以弱对强战役的胜利，尼米兹给两位特混舰队司令制定了一条重要的作战原则。他说：“在执行规定的任务时，你们必须遵循不轻易冒险的原则。这一原则应理解为：若无把握使优势之敌遭受较之我更大的伤亡，则要避免暴露自己，免受敌人打击。”

由于弗莱彻的资历比斯普鲁恩斯深，因此尼米兹决定由弗莱彻对这两支舰队实施统一的协同指挥。因此，这两支特混舰队的指挥关系就明确了。

在作战计划实施之前，尼米兹召开了一次军官会议，对形势进行了最后一次深入细致地分析研究。

在中途岛战役中起着主要作用的5位指挥官汇聚在尼米兹的办公室，他们正聚精会神地研究着中途岛战役中的关键问题。

坐在办公桌后面的是尼米兹，他的头脑就是美国海军对日本作战的指挥中枢。坐在尼米兹身边的是特混舰队的两个司令。弗莱彻是在毫无思想准备的情况下参与了这一战役的研究。斯普鲁恩斯寡言少语，他有一个机敏的头脑，能够广泛地听取意见，深思熟虑。

斯普鲁恩斯

尼米兹参谋班子里的两位成员也在会议现场。一位是他的得力助手太平洋舰队参谋长德雷梅尔，瘦高个儿，举止文雅，他准备随时尽其所能减轻尼米兹的负担，向他提供所需的情况；另一位是情报参谋莱顿，他在5人中年纪最轻，他肚子里情报资料非常多，尼米兹要从他那里提取大量的重要情报。

这次会议是忠于职守的职业海军军人对严酷事实进行冷静、清醒的分析会议。与会者都很清楚，如果日军攻下中途岛，那对于版图像弓一样的日本本土无异于装上了一支钢的箭头，而这支箭头直接指向的目标是夏威夷的心脏。而且，太平洋战争爆发以来的事实已经证明，日军在珍珠港的得手绝非侥幸，日本作为一个强大而又狡猾的对手，会在难以预料的时间和地点发动无情的攻击。

每个与会者都感到时间十分紧迫。斯普鲁恩斯在几小时后即将出航，弗莱彻也将随后尽快出发。这将是他们最后一次面对面地在一起分析最新情况，交流看法，研究敌情，制定更加全面细致的作战计划。他们每个人都清楚：决定一旦做出，行动一旦开始，就会出现影响太平洋战争全局的重大结果。

尼米兹首先结合最新情报，简要地叙述了他过去作的那些指示。

尼米兹分析：由于在力量对比上敌强我弱，如果将美国舰队部署于日军与中途岛之间，取胜的概率将会很小。因此，中途岛之战必须采取反常的战法。为了争取进攻的突然性和摆脱后勤保障的困难，必须采取迂回战术。弗莱彻和斯普鲁恩斯的舰队处于劣势，若与日军正面交锋，旷日持久，则会陷于灭顶之灾。如果能聪明地从侧翼进攻，冲上去“猛咬一口”，则有可能实现以弱胜强的目的。美国的特混舰队决不能冲出瓦胡岛钻进日军设置的圈套。

尼米兹要求斯普鲁恩斯第二日就起航，弗莱彻随后也必须尽快出发。他们必须在北纬 32°、西经 173°，中途岛东北约 325 海里处会合。尼米兹希望这个会合点能成为他们的“运气点”。

尼米兹还特别强调，弗莱彻必须在指定的时间到达“运气点”与斯普鲁恩斯会合。这是美军取得中途岛战役胜利的一个关键环节，没有这一点做保证，美军的整个战役计划将会全部落空。因为弗莱彻要是来迟的话，斯普鲁恩斯就会处于困境，或者被迫单独出击。如果弗莱彻太早到达的话，就得潜伏在该海区等待斯普鲁恩斯，那样就很可能被日军发现。

有关会合的问题说明以后，他们在进攻时机的选择上也做了精细的准备。

对于进攻必须同时具备下面三个条件：

一、让日军接近中途岛，但又不能太近。

二、美军必须尽量接近敌人，同样也不能靠得太近。

三、依靠侦察手段和个人判断，在最恰当的时机予以突袭，例如日军飞机都停在航空母舰甲板上时，要避免己方遭受类似袭击。

这一问题也正如尼米兹后来回忆里提到的那样发生了：“当时，整个形势非常困难，需要我们的航空母舰极其精确地选择时机。”

从美军获取的情报看，日军向中途岛进攻的力量是十分强大的。日军主要突击部队由南云忠一指挥，这使美国人更加感到事态的严重性。指挥日本航空母舰舰队的南云忠一在美国军界的知名度很高。每一个美国将军都知道南云忠一，他使日本取胜连连，使同盟国军队感到恐惧，是他使美国人在珍珠港丢脸，是他在锡兰使英国人出丑。

虽然日军在军事实力上占有很大的优势，但美国方面也有许多有利因素。此次作战，美军除了在情报资料上占有绝对优势外，他们还是在内线作战。因为中途岛距离珍珠港仅约 1150 海里，而山本五十六的舰队离日军的柱岛基地却有 2500 海里。

美军的另一个优势是太平洋海底电缆。1903 年这条电缆从檀香山铺到了马尼拉，中途岛是电缆上的一个站。中途岛战役开始前，珍珠港与中途岛之间繁忙的通信联络大部分是通过这条电缆进行的，日本人无法窃听。仅从岸与舰之间的一般的无线电通讯中，日本人是无法了解美国人在搞什么名堂的。此外，美国的雷达也比日本先进得多，日本人也无法截听美国短距离的舰与舰、舰与机之间的 TBS（即无线电话）通话。

尽管如此，会议中的这些人还是个个神情严肃。因为他们与具有更大、更直接优势的山本五十六相比，要想取胜还是有很多困难。

会议进行了一个多小时，尼米兹最后用平静而坚定的语调对作战计划进行总结。

面对在兵力上处于极大优势的日军，美军采取三项制敌策略：

一、美国航空母舰部队应避免在中途岛以西正面与日军交锋，而应采取侧翼伏击战术，突然袭击日本航空母舰部队。第 16 和第 17 两支航空母舰特混舰队秘密驶抵北纬 32°、西经 173° 的中途岛东北约 325 海里处会合，隐蔽待机，准备突袭预计在中途岛西北面出现的日本航空母舰部队。

美军斯普鲁恩斯（左）尼米兹（中）和巴克纳（右）

二、两支航空母舰舰队指挥官运用消耗战术最大限度摧毁敌人，主要使用舰载机对敌实施空袭，尽量避免与敌进行面对面的舰队决战。

三、在执行规定的任务时，必须遵循不轻易冒险的原则。即若无把握使具有优势的日军遭受较己方更大的伤亡时，必须避免暴露自己，免受日军的打击。

尼米兹对参战部队还提出了六项要求来贯彻这三项制敌策略，这些要求是：

一、尽量在远距离发现并攻击敌人，防止敌军航空母舰对中途岛奇袭。为此，中途岛部队要加强警戒，实行700海里的空中巡逻。为实现对来犯日军的早期预警，潜艇部队在中途岛以西150海里、300海里和700海里处构成3道警戒线。

二、对日本航空母舰部队的空中攻击，应在空袭中途岛之前实施。为此，发现日本航空母舰部队之后，首先以中途岛上的陆军航空兵B-17轰炸机进行远距离攻击，夏威夷方面的轰炸机也立即出动，参加进攻。

三、太平洋舰队的航空母舰部队，在中途岛东北海面的日军空中搜索圈外隐蔽待机，一旦中途岛警戒飞机判明敌情，立即接近并奇袭日本航空母舰。

四、在中途岛西面警戒的潜艇，应伺机实施攻击。

五、中途岛守军要用尽一切办法来守住该岛。

六、重点防卫荷兰港至阿拉斯加之间区域，尽力阻挠日军对阿留申群岛的进攻。

虽然美军在兵力上处于劣势，但有了这些周密的针对性计划，战场的局势就可能被扭转。由于有美军情报部门的帮助，于是，尼米兹提出置日军于死地的作战策略。

当尼米兹获悉日本人将使用联合舰队的整个兵力实施中途岛作战时，他没有被日本庞大的舰队吓倒。他立即采取大胆的行动，并有意把他的较小的兵力投向强大得多的日本人面前。由于意识到自己无力与敌正面交锋，他就命令弗莱彻和斯普鲁恩斯把特混舰队部署在南云忠一第1航空舰队的侧翼，以便他们能从有利的战场位置出发，对日本实施突然袭击。

尼米兹的决策，为此战的胜利奠定了基础。

★美国海军少将弗莱彻

1906年，弗兰克·杰克·弗莱彻从安纳波利斯海军学校毕业。他曾在驱逐舰、战列舰和巡洋舰上服役多年，积累了很丰富的经验。他还做过多种参谋工作。1942年1月17日，弗莱彻担任第17特混舰队司令。弗莱彻是一个很讲义气的人，所以在美国海军中，他深得同事们尊重。尼米兹的一位参谋是这样评价弗莱彻的：他是一个身材高大、脾气温和、惹人喜爱，却有些稀里糊涂的家伙。

3. 设伏中途岛

5 月 27 日一整天，尼米兹连续开了几个高级会议，他讨论并确定了中途岛战役的重大问题。

当尼米兹宣布散会，军官们纷纷离开他的办公室时，尼米兹的心上还挂着一件重要的事情，这就是能否及时将“约克城”号航空母舰修好，以保证弗莱彻的第 17 特混舰队及时出动与斯普鲁恩斯的第 16 特混舰队于指定的时间在“运气点”会合。

修好“约克城”号航空母舰是一件不容易的事。在珊瑚海海战中，它被炮弹打得千疮百孔。按照当时比较乐观的估计，也最少需要两周的时间它才能出海作战。

“约克城”号航空母舰的主要损伤来自5月8日日军的3颗炸弹。

其中一颗直接命中飞行甲板，尔后穿过飞行甲板、舰尾部下甲板、主甲板、第二甲板、第三甲板，在航空用品仓库内爆炸。这颗炸弹在下落过程中给航空母舰的结构造成了相当大的破坏，使数层舱壁和好几个弹簧门破裂，在船体内撕开了几个大口子。尽管这一击未使“约克城”号航空母舰严重失去战斗力，但使其航速降到 25 节。由于航空母舰的装甲不厚，只能靠速度来保护自己，因此，速度的降低就大大削弱了它的战斗力，更影响了它的安全。

还有一颗炸弹擦过前右航炮台走道的舷外舱口栏板在舰首爆炸，炸瘪了航空母舰装甲带的下沿，使横架和舱壁起皱内陷，有几处舱壁与舰体分离。这一颗炸弹造成的最严重后果就是燃油从舰体裂缝中流出来，在舰尾海域形成了一片浮油区。

另一颗炸弹在离舰首很近的水面上爆炸，炸弹的弹片在舰体上穿了四五个洞，并划破了军舰的油管。

因此，有人甚至认为修好“约克城”号航空母舰需要 3 个月的时间，这一点也不算夸张。虽然“约克城”号航空母舰修理的难度很大，但是，尼米兹和珍珠港海军船厂厂长威廉·雷亚·弗朗的修船队都想尽力让“约克城”号航空母舰参战。因为要是没有“约克城”号航空母舰参战的话，中途岛附近的美军航空母舰将会只有 2 艘，而日本的航空母舰将会是 4 或 5 艘。要是这样的话，日本和美国的军事力量差距将会很大，这将会大大地影响美国士兵的士气。

5 月 28 日 6 点许，“约克城”号航空母舰开始正式接受全面的维修，弗朗尽其所能抽调了各种机修工登舰抢修。它从第 16 号泊位转入 1 号干坞刚刚停稳，电工、装配工、机械工、电焊工及其他工种的工人便蜂拥而上，围着“约克城”号航空母舰忙碌的各种人员有 1400 多人。很快，电焊的火花在舰上随处可见，到处都能听到铆钉枪发出的声响。为了抢时间，大家不停地工作，舰上一片忙碌的景象。

在“约克城”号航空母舰接受维修的同时，斯普鲁恩斯的第 16

倾斜中的“约克城”号航空母舰

特混舰队开始出海。拖轮撤除“企业”号航空母舰右舷上的防雷网之后，9点左右，“柯蒂斯”号水上飞机供应船起锚，驶出港口。在各航母检验驾驶装置、测量吃水深度、试验主机、对消磁装置加电时，驱逐舰接连出港。10点40分左右，“北安普顿”号重型巡洋舰在前，其他的巡洋舰也相继出港。11点10分，“企业”号航空母舰发动主机的二号锅炉。此时，所有的拖轮均已离开，“企业”号航空母舰开始启动。它依照航道各段的要求，不断调整着自己的航向、航速。全舰进入二级战备状态。11 点 59 分，“企业”号航空母舰驶出珍珠港，旋即以 25 节的航速行驶。

“大黄蜂”号航空母舰于 11 点 34 分起锚。港口的一名领航员驾驶着军舰，舰长及驾驶员在舰桥上。12 点 21 分。港口领航员将舰交给舰长马克·A. 米彻尔。“大黄蜂”号航空母舰从一号浮标左侧 91 厘米处驶出港口旋即以 20 节的航速行驶。

“虽然在刚结束的航行中你们未能有机会与敌交战，未能再次取得过去作战之辉煌战果，但是，我相信你们已利用这段时间为今

“大黄蜂”号航空母舰

后作战提高了能力。在即将开始的航行中，你们将有机会给敌人以沉重打击。你们已经给敌人以沉重打击，我完全相信你们有勇气、有技术、有能力给敌人以更大的打击。祝你们成功，祝你们走运！”尼米兹在给即将参加战斗的官兵发出的文告中这样说道。

米彻尔为舰长的“大黄蜂”号航空母舰和默里为舰长的“企业”号航空母舰，是斯普鲁恩斯第 16 特混舰队的重要力量。与它们一起行驶的是第 2 巡洋舰分队，该分队由“新奥尔良”号重巡洋舰、“明尼阿波利斯”号重巡洋舰、“文森斯”号重巡洋舰、“北安普顿”号重巡洋舰、“彭萨科拉”号重巡洋舰和“亚特兰大”号重巡洋舰组成。第 2 巡洋舰分队由托马斯 · C. 金凯德指挥。

斯普鲁恩斯的驱逐舰警戒部队由亚历山大 · R. 厄尔利任司令，这支“第 4 驱逐舰分队”包括：

第 1 驱逐舰中队：由“菲尔普斯”号驱逐舰、“沃登”号驱逐舰、“莫纳汉”号驱逐舰、“艾尔文”号驱逐舰组成。

第 6 驱逐舰中队：由“巴尔奇”号驱逐舰、“科宁厄姆”号驱逐舰、“本纳姆”号驱逐舰、“埃利特”号驱逐舰、“莫里”号驱逐舰组成。

其中，“艾尔文”号驱逐舰和“莫纳汉”号驱逐舰在珍珠港曾遭到日军空袭。当时，“艾尔文”号驱逐舰在一位指挥官指挥下冒着弹雨驶出了港口；“莫纳汉”号驱逐舰撞沉了一艘日军的袖珍潜艇。

此外，斯普鲁恩斯还有一支由“西马伦”号油船和“普拉特”号油船组成的运油船队，这支船队由“杜威”号驱逐舰和“蒙森”号驱逐舰护航。

斯普鲁恩斯站在舰上，他希望此次出征能够多击沉一些日本军舰，以打击开战以来日军嚣张的气焰。但是，他又不得不正视美国此时非常缺乏航空母舰和驱逐舰的这一现实，他有责任尽一切可能把他的舰只保存下来。斯普鲁恩斯率领第16特混舰队出发了。

5月30日晨，第17特混舰队司令弗莱彻率领“约克城”号航空母舰，在2艘重巡洋舰和5艘驱逐舰的护卫下，离开了珍珠港。

至此，参加中途岛之战的美军第16、第17特混舰队，均已踏上与日本舰队决战的征程。

另一面，美军在中途岛的防御力量也开始准备迎接战斗。当尼米兹判断日军将要进攻中途岛后，立即将这一情报告诉了中途岛的两位美军指挥官西里尔·T.赛马德和哈罗德·D.香农，并命令他们尽快做好防御准备。

赛马德和香农虽年过五十，他们是岛上有名的一对网球双打选手。他们表示，在保卫中途岛的战斗中，要像在网球场上那样配合默契。参加过第一次世界大战的香农坚信带刺的铁丝网是十分有效的防卫设施，因此命令在中途岛大量设置铁丝网。

中途岛是由东岛和沙岛组成的，在赛马德和香农的领导下，这两个小岛的防御开始加强起来。岛上大炮林立，到处竖着带刺的铁

高速航行的美军“新奥尔良”号重巡洋舰

丝网，海滩和周围水域地雷、水雷密布。11艘鱼雷快艇奉命时刻准备绕环礁巡逻、打捞迫降的飞行员，并以其防空火力支援地面部队。1艘游艇和4艘经过改装的金枪鱼捕捞船待命执行救护任务。19艘潜艇在中途岛西北到北方100～200海里处警戒着进岛的各条通道。

5月2日，尼米兹在视察中途岛时曾问过香农：“如果我给你需要的一切，在大规模的两栖进攻下，你能守住中途岛吗？”当时，香农回答得很干脆：“能！”

但是，其他军官并不像香农那么乐观和自信。守卫沙岛的海军陆战队指挥官麦考尔就十分悲观。他手上虽有雷达，却是老式的SC270型。这种雷达连目标的高度都显示不出来，而且荧光屏上显示出的许多亮点，可能是日本飞机，也可能是低空飞翔的信天翁。

为了能及时准确地判断情况，陆战队有人提议，规定美军飞机进入中途岛的进入角度，以便判断荧光屏上显示出的亮点，只要符合这一进入角度就可认为是美国飞机。麦考尔并不这么认为。因为在日本空袭珍珠港时，日军空袭机群的进入角度与美军预先安排的美国B–17轰炸机群的进入角度在荧光屏上仅差几度，为此美国雷达兵当时没能及时判断出日本飞机的入侵。这一教训已经证明，此种识别方式是难以保证万无一失的。

岛上海军陆战队的俯冲轰炸机是一种“老古董”，它们常常发生故障。陆战队的战斗机是F2A–3“水牛”式战斗机。“水牛”式战斗机虽然机动性能好，易于驾驶，但它有若干缺陷，特别是飞行速度慢。日军的“零”式战斗机的水平飞行速度比“水牛”式战斗机最高安全俯冲速度还要大。而且“根本没有中途岛防空作战的协同计划”也令人十分忧愁。尽管飞行人员英勇顽强，求战心切，但他们分别来自陆军、海军及海军陆战队，协同作战对他们来说是一件很困难的事情。

在这种情况下，麦考尔认为:“中途岛防御力量薄弱，依靠现有力量难以有效地对付日军的进攻。唯一的办法，是袭击在甲板上摆满待飞飞机的航空母舰。当然，这需要极其精确地计算时间，需要有极好的运气，或者说，两者兼有才行。否则，虽说美军在中途岛战役中会尽力而为，但也顶不住日军大规模的进攻。”麦考尔的这一想法，与尼米兹不谋而合。

尼米兹也认为：“要想阻止敌人的大规模进攻，中途岛的航空兵必须抢占先机，迅速攻击日本航空母舰的飞行甲板，使其舰载机在起飞前就遭到重创。美军的目标不是在日本飞机起飞后对中途岛进攻时将其击退，而是在其起飞前就攻击敌军航空母舰的飞行甲板。如果说这一方法正确，中途岛的航空兵应全力以赴直取敌军航空母舰，而将护岛、对付第一批来犯敌机的任务留给岛上的高炮部队。”尼米兹对情况了如指掌，他并不指望中途岛能自己保住自己。因为，他根本没打算消极地等待挨打。

5 月 25 日，按照尼米兹的要求，海军陆战队第 3 守备营 1 个高

F2A-3“水牛”式战斗机

炮连抵达中途岛并迅速在两个小岛上部署了 4 门 37 毫米口径高炮。当天涌到岛上的还有由埃文斯 · F. 卡尔森指挥的第 2 突击营的第 3 连和第 4 连。第 3 连很快就消失在沙岛的矮树丛里，第 4 连被派至东岛。

5 月 26 日是中途岛上最忙碌的一天。第 1 航空队司令克拉伦斯 · 廷克及其参谋人员从瓦胡岛乘 B–17 轰炸机来到中途岛进行了一天的访问。他带来了乔 · K. 沃纳和两名士兵，他们将临时执行“陆空联络小组”的职责。另外，美国“小鹰”号航空母舰给中途岛带来了 22 名军官和 35 名士兵，还带来了 26 架作战飞机。

美国“企业”号航空母舰

中途岛上航空兵力量已经得到加强，但还需要一名能干的经验丰富的军官去负责空中作战。太平洋舰队的参谋长雷德梅尔与尼米兹商量后，决定由洛根·C. 拉姆齐来担当。

拉姆齐几乎是在海军航空兵部队长大的。他曾在“兰利”号航空母舰、“萨拉托加”号航空母舰、“约克城”号航空母舰及不走运的“列克星敦”号当过飞行员。他精通水上飞机的飞行，后来又学会了驾驶陆上飞机，掌握了这门与操纵水上飞机大不相同的技术。因而，驻在中途岛上的这两种飞机他都懂。而且，拉姆齐担任过瓦胡岛上包括陆军飞机在内的空中巡逻的协调军官，熟悉这两个军种间的活动。还由于他对人友善，容易结交，能够愉快有效地同陆军人员一起工作。更为重要的是，1935 年，美国海军学院曾进行过一次以日军企图占领中途岛为假想背景的演习，拉姆齐参加过此次演习的全过程，对这方面的情况有深入的了解。

随后尼米兹和雷德梅尔召见了拉姆齐。尼米兹对拉姆齐作了范围广泛的指示，包括每一种可能出现的意外情况，甚至设想如果日军攻占了中途岛，一定会进攻瓦胡岛，那时美军就得集中夏威夷所有的空中力量来对付日军的攻势。因此，尼米兹命令拉姆齐：“万一中途岛有失陷的危险，务必把重武器、PBY（巡逻轰炸机）和 B-17 轰炸机撤出来。”

尼米兹把自己能想到的都交代给了拉姆齐。5 月 29 日，拉姆齐乘坐一架巡逻轰炸机飞到中途岛。这一天，飞到中途岛的还有 1 架

B-17 轰炸机、4 架临时改为鱼雷机的 B-26 轰炸机、15 名军官和 20 名士兵。

30 日，陆军第 7 航空队威利斯·P. 黑格带领 22 名军官、50 名士兵、7 架 B-17 轰炸机，从瓦胡岛飞抵中途岛。31 日，又有 31 名军官、60 名士兵和 9 架 B-17 轰炸机加入中途岛防御力量的行列。

虽然尼米兹没有打算依靠中途岛自身的防御力量来击退日本人的进攻，但他还是要通过不断增兵来使中途岛的防御得到加强。

到中途岛之战打响前，美军在中途岛上共有各种飞机近 120 架，其中包括 B-17 轰炸机 17 架、TBF 鱼雷机 6 架；驻守该岛的美军官兵增加到 3500 人。在中途岛所属的东岛和沙岛周围及水际滩头，设置了地雷阵、地下隐蔽部、隐蔽火炮工事和大面积的铁丝网。

至此，美国方面为中途岛战役所做的准备工作已经基本完成。而日本方面又是怎样的情况呢？

★美军航空母舰被抢修好

海军船厂的修船队员还在加紧抢修“约克城”号航空母舰。队员们通宵达旦的辛苦劳作，最后“约克城”号航空母舰终于修好了。5 月 29 日早晨，他们开始往“约克城”号航空母舰所在的干船坞漕内注水，数百名修船队员还在舰上忙着敲敲打打。“约克城”

美军 PBY-5“卡塔林纳”式水上飞机

号航空母舰一点一点地从干船坞滑出，进入正常泊位停下。它将在泊位上继续接受修理，并同时进行加油和接载飞机。此时，修理任务已经完成过半。

按照这样的速度，再有一天“约克城”号航空母舰即可出港。虽然美国海军历来注重整洁，但现在不是讲究外表的时候，为了争取时间，他们对于不影响作战或舰体安全的部分没有修理。为提高修理速度，他们还采取了用“等重、等强度、等剖面系数的材料换下舰上被炸毁和损坏的部分”的办法。

经过两天多的抢修，离开船厂时“约克城”号航空母舰的外观发生了很大的变化。它不仅能够开动（虽然速度已大大降低），而且也能够起降飞机了。修船队员们创造了奇迹。

第三章

中途岛激战

★珍珠港这一战的胜利，使山本五十六直接以美国人为打击对象的决心更加坚定了。他打算在太平洋方向实施连续主动进攻。

★有些人反对山本五十六的这一作战计划，甚至认为他是被胜利冲昏了头脑，拿帝国和皇室的命运开玩笑。他们提出一大堆理由来反对山本五十六，甚至对中途岛的战略价值也提出了疑问。他们还认为，山本五十六尽管具有非凡的勇气和才干，但他没有指挥如此大规模海战的经历。中途岛攻击战将投入日本海、空军力量的全部主力，这个赌注太大了。

★山本五十六清楚地看到了中途岛的战略价值。他希望尽快进攻中途岛。山本五十六之所以极力主张进攻中途岛，还有一个更为阴险狡猾的战略构想，那就是他打算以攻击中途岛为诱饵，诱出美国航空母舰编队并与之决战，从而达到消灭美国航空母舰的目的。

1. 赌徒再设赌局

在这次战役中，南云忠一自始至终都在哀叹中途岛作战准备时间太少，实际上日本对这一战役已策划了很久。

日本的中途岛作战计划是在日本联合舰队司令山本五十六亲自主持下，由联合舰队司令部制定的。

1941 年 12 月 28 日，山本五十六在日本联合舰队旗舰“长门”号战列舰上研究着轰炸珍珠港的战果报告。山本五十六两眼盯着报告上的数字，很是兴奋。因为美方公布的损失，比日军执行袭击任务的部队上报的损失还要大得多。

山本五十六原以为美军的实际损失会小于南云忠一机动部队上报的数字，但实际上超过了上报数字。他也没有想到美国人会受到那么大的损失，竟然毫不掩饰地公布出来。但山本五十六明白，美国人有这样大的勇气，是因为美国人有着强大的实力在作后盾。

早年曾就读于美国哈佛大学的山本五十六担任过驻华盛顿的海军武官，到过美国各地。在日本海军中，他对美国的了解不亚于任何人。他非常清楚美国是一个战争潜力极其雄厚的国家，因此一直反对与美国交战。但是，山本五十六又是一个彻头彻尾的日本军国主义者。当日本政府已经下定决心与美国开战时，山本五十六又

日本“长门”号战列舰

决定把自己的全部智慧和能量毫不保留地贡献给他的国家。美国人说，山本五十六既是水手又是诗人，既是海盗又是政客，既是爱国者又是事业家。

山本五十六是在他父亲56岁时出生的，他的父亲以自己的年龄为他取了这样的一个名字。1901年，17岁的山本五十六考进江田岛海军军官学校，1914年进入海军大学。从1919年至1928年，山本五十六两次赴美国，在美国学习和任职。1928年3月由美国回到日本后，他曾担任过“赤城”号航空母舰舰长、第1航空战队司令。后来分别在海军军令部、海军省和海军航空本部工作。1939年8月31日，山本五十六被任命为联合舰队司令。

像许多日本人一样，山本五十六有着浓厚的樱花情结，他的想法是“宁愿在很短的时间内凋谢，也要开放得非常灿烂。”在日本海军中，山本五十六不仅具有出色的指挥才干，而且具有大胆甚至冒险的决策能力，因此，不少人把他叫作赌徒，偷袭瓦胡岛的珍珠港可以说是他进行的另一次赌博。偷袭珍珠港的成功不仅使他名声大噪，而且使山本五十六对自己运筹战争的能力更加坚信不疑。

太平洋战争爆发后，日本陆海军在南方各个战场上频频得手。1942年春季以前，提前一半的时间完成了战前拟定的太平洋战争第一阶段作战计划。英、美军实力在作战中遭到严重削弱。相比之下，日军的损失却很小。日本初期作战形成的有利态势，导致陆军和海军之间在整体战略指导及具体作战目标上都产生了分歧。

日本陆军主张在占领南方资源和战略要地之后，利用美国海上力量一时难以恢复的有利时机，立足于战前确定的持久战方针，从根本上确立长期持久的战略态势。所以陆军是想对美国采取旨在确保已占领区域的抑制作战，同时，将陆、海军主力转用于西面的印度洋和中印缅大陆地区。首先击败美国的盟友达成孤立美国的目的，然后，再转向东面与美国进行海上决战。

日本海军则认为，由于开战初期重创了美国海军，原定第二阶

珍珠港事件中，美国太平洋舰队主力遭到重创

段歼灭美国海军主力的任务已经完成一半，所以，应该在美国的实力恢复之前，在太平洋与美国展开积极作战，尽可能缩短战争时间。

日本陆军和海军各自拿出了自己的作战主张。但双方的作战主张截然不同，发生了重大分歧。这时山本五十六保证了日本海军作战主张的贯彻执行。

早在战前山本五十六就认定，与拥有雄厚战争潜力的美国进行持久战对日本十分不利，应该采取连续不断地积极进攻，在精神上给予美国人打击。而珍珠港这一战的胜利，使山本五十六直接以美国人为打击对象的决心更加坚定了。他打算在太平洋方向实施连续主动进攻。

“拖延时间，不仅将丧失以往的战果，而且会使敌人增强实力，使日本陷于坐以待毙的被动境地。”

“虽然应认识到长期战争的可能，但主动追求长期战争是愚蠢的。”

“消灭了美国舰队和英国海军，就可以随心所欲地干任何事情，这是结束战争的最佳捷径。”

可是，当山本五十六提出进攻中途岛的设想后，在日本军界高层还是引起了轩然大波。日本陆军和海军首脑认为日本去占领位于夏威夷大门口的中途岛是不可能的，即使占领了，也很难守得住，他们纷纷表示不赞同。

有些人反对山本五十六的这一作战计划，甚至认为他是被胜利冲昏了头脑，拿帝国和皇室的命运开玩笑。他们提出一大堆理由来反对山本五十六，甚至对中途岛的战略价值也提出了疑问。他们还认为，山本五十六尽管具有非凡的勇气和才干，但他没有指挥如此大规模海战的经历。中途岛攻击战将投入日本海、空军力量的全部主力，这个赌注太大了。

山本五十六为了解释和说明自己的作战思想，甚至唇枪舌剑与反对他的人面对面进行辩论。山本五十六一旦认准了的事情，就很难有人能够改变，他会坚决干到底。在珍珠港之战中，山本五十六就是凭着这股子韧劲才力排众议，使得他的设想实现。当然，山本五十六也并不否认进攻中途岛具有一定的危险性，但他还是认为非常值得赌一把。

正当日本还在对进攻中途岛的问题进行激烈讨论的时候，发生了一件令日本上下十分震惊的事件。这就是美国轰炸了日本的东京。

在珍珠港被袭之后，罗斯福总统打算尽快轰炸日本本土，对日本的偷袭进行一次报复。当“大黄蜂”号航空母舰航行到离日本本土很近的地方时，美国飞行员把过去日本授给美国人的4枚日本勋章系在炸弹上，并用笔在炸弹上写了给日本人的“赠言”，他们用这种办法将日本人发的勋章还给了日本。

随着美国飞机的接踵而至，一颗颗炸弹也在东京炸开了花。开

轰炸东京的美国英雄杜立特

战以来，日本领土上第一次落下了炸弹。日本天皇曾得到过他的司令们的保证：决不允许敌人的炸弹落在他所谓“神圣”的国土上。但是，司令们的保证落空了。虽然这次轰炸对日本造成的物质破坏微乎其微，但在日本民族的心理上引起了很大的恐惧，这个“侵略者”的自尊心被严重的挫伤了。

美军空袭东京事件使命运的天平向山本五十六倾斜过来。日本军令部感到事态严重，一直以来反对中途岛作战方案的人也不得不承认来自东方的威胁比来自南方的威胁更大。日本军令部为没能保住首都的安全而不安，因此反对进攻中途岛的意见就烟消云散了。

“进攻中途岛就是保卫首都东京的安全，保卫天皇陛下的安全，这是帝国军人的神圣天职！”当时山本五十六在军界曾理直气壮地这样说道。

山本五十六借助杜立特航空队轰炸东京这一事实，在这场战略方向之争的论战中取得了胜利。他怀着狂热的侵略激情，立即与他的幕僚班子一起，开始制定进攻中途岛的作战方案。

山本五十六所制定的作战计中主要包括以下三项：

一、占领西阿留申群岛。

二、占领中途岛。

三、与美国舰队决战。

在这一计划中，中途岛为主攻方向，阿留申群岛为佯攻方向。两个方向密切配合，相互支援，迎战来自任何一个方向的美军，日本主力编队负责以海上决战的方式将美军歼灭。所以，战役的基本目的就是：通过占领中途岛为日本海军航空兵获取前进基地，继续向中太平洋和西南太平洋扩张，同时诱歼美国太平洋舰队。

为实现这个计划，山本五十六提出使用日本海军几乎全部的主力。于是日军计划投入航空母舰 8 艘，水上飞机母舰 5 艘，战列舰 11 艘，重巡洋舰 13 艘，轻巡洋舰 9 艘，驱逐舰 66 艘，潜艇 24 艘，扫雷舰 5 艘，运输舰 16 艘，后勤补给舰 21 艘，飞机 700 余架，陆军 8600 人，海军 2.3 万人的庞大兵力来进行作战。战役最高指挥官为联合舰队司令山本五十六。这些兵力被编为六个战术编队，其作战序列为：

一、主力部队：由联合舰队司令山本五十六亲自指挥，下辖轻型航空母舰 1 艘、战列舰 7 艘、轻巡洋舰 3 艘、驱逐舰 21 艘、水上飞机母舰 2 艘，以及各类舰载飞机 19 架，水上飞机 50 架。任务是掌握中途岛、阿留申群岛作战全局，间接支援北方的作战，重点支援中途岛作战，同时攻击美国舰队。

二、机动编队：由南云忠一指挥，下辖重型航空母舰 4 艘，舰载机 266 架，此外还搭载计划用于中途岛的岸基航空兵飞机 46 架，战列舰 2 艘，重巡洋舰 2 艘，轻巡洋舰 1 艘，驱逐舰 12 艘，补给舰 5 艘。任务是在登陆作战之前空袭中途岛的美军机场及各种设施，消灭岛上的美军航空兵，支援并掩护登陆作战，同时捕捉歼灭可能遭遇的美国舰队。

日本“加贺”号航空母舰

三、登陆部队：由第2舰队司令近藤信竹指挥，辖轻型航空母舰1艘、战列舰2艘、重巡洋舰8艘、轻巡洋舰2艘、驱逐舰21艘、水上飞机母舰2艘、运输舰船14艘，以及若干扫雷舰、猎潜艇等舰船，各类舰载飞机23架，水上飞机40架。舰上载有在中途岛登陆的部队5800人。任务是在第1机动部队消灭中途岛的美军航空兵后，输送并掩护登陆部队占领中途岛，同时准备在中途岛附近海面截击美国舰队。

四、北方部队（阿留申群岛部队）：由第5舰队司令细萱戊子郎指挥，分为5个支队：北方部队主力、第2机动部队、阿图岛攻占部队、基斯卡岛攻占部队和潜艇部队。总计有航空母舰2艘、重巡洋舰3艘、轻巡洋舰3艘、驱逐舰12艘、水上飞机母舰1艘、潜艇6艘，以及扫雷舰、运输船等若干艘，舰载飞机82架。另搭载陆、海军登陆兵2450人。北方部队的任务是空袭荷兰港美军海空基地，破坏阿达克岛的美军军事设施，攻占基斯卡岛和阿图岛，准备迎击美军舰队。

五、先遣部队：由第6（潜艇）舰队司令小松辉久指挥，下辖轻巡洋舰1艘、潜艇18艘。任务是先行侦察中途岛的美军情况及天气状况，并在开战前进至中途岛至夏威夷之间组成潜艇警戒线，以攻击驰援中途岛的美国舰队。

日军“零”式战斗机

六、岸基航空部队：由第11航空舰队司令冢原二四三指挥，辖各种岸基飞机214架。其中46架“零”式战斗机由第1、第2机动部队的航空母舰携带，准备在占领中途岛后立即以岛上机场为基地，实施空中作战。该航空部队的任务是侦察珍珠港方面美军舰队情况，在各部队实施中途岛作战期间，尽可能以太平洋各岛屿为基地，广泛地进行空中侦察与警戒。

在山本五十六的作战计划中，动用了如此庞大的海上兵力，这是日本海军70年来从未有过。

该计划规定6月2日侦察编队的潜艇进入中途岛与夏威夷之间以及中途岛以东海域的预定阵位，建立3道潜艇警戒线；6月4日对阿留申群岛进行空袭，以配合中途岛方向的主攻；6月5日本机动部队对中途岛进行空袭，压制消灭岛上的航空兵力。随后进至中途岛以北海域一面支援登陆作战，一面准备迎击美军舰队的反击。等到夺取中途岛机场之后，其航空母舰所搭载的岸基飞机立即转至岛上；6月6日在基斯卡岛和阿图岛实施登陆；6月7日代号为“N”日，那也是6月中一个有月光的夜晚，登陆编队实施对中途岛的登陆；主力编队于6月7日抵达中途岛西北海域，为登陆编队提供火力支援，并与美军舰队展开海上决战。

整个计划组织严密，规模宏大，日本海军可以说是倾巢而出，几乎投入了所有能动用的舰艇。这一行动的耗油量几乎相当于日本海军在和平时期一年的耗油量，甚至还有人说所有参战军舰的甲板面积总和比中途岛的面积还大。

但这个计划有一个很致命的缺点，那就是犯了分散兵力的兵家大忌。当时日军在太平洋上占有绝对优势，只需集中全力进攻中途岛，可以说是稳操胜券的，但他们把部队分为几个相距遥远又难以及时相互支援的编队，从而削弱了自己的优势，分散了自己的兵力，因此埋下了失败的契机。

趾高气扬的日军自以为占尽了优势，事实上，作战准备还出现了几分疏漏。在这些疏漏中，尤为严重的就是日军既没有及时修复在珊瑚海海战中负伤的“翔鹤”号航空母舰，也没有迅速为飞行员伤亡惨重的“瑞鹤”号航空母舰补充飞行员，致使这两艘航空母舰无法参加中途岛作战。

如果“翔鹤”号航空母舰和“瑞鹤”号航空母舰能及时恢复战斗力，按原定计划加入南云忠一的机动编队，那么在中途岛作战中，日军航空母舰与美军航空母舰的数量之比就将成为6：3，这样日本军队的优势就将成为绝对性的，南云忠一也可以拥有足够的力量应付美军中途岛岸基航空兵和航空母舰舰载机的同时攻击。这样就极有可能影响到战役的最终结局。

山本五十六以登陆中途岛的那天为作战中心制定了整个作战计划，他详细地安排了各部队的行动时间表。山本五十六经过周密地计算后，他相信自己一定会像在珍珠港一样，再次赢得一场出其不意的胜利。

★狡猾的山本五十六

山本五十六是不会改变他的作战计划的。

于是很快，日本陆军和海军在战略指导上的争论，主要集中在对一个小岛的看法上。这个小岛就是中途岛。中途岛面积虽不大，却颇受美日双方的重视。

对于美军来说，从岛上机场起飞的美军飞机，可以警戒半径达600海里的区域，岛上的港口可用作美国航空母舰编队机动作战的补给和前进基地。中途岛具有攻防两用的功能，因此它成为美国在中部太平洋理想的战略前沿阵地。

对日军来说，占领了中途岛，一方面就可以把中部太平洋的防御圈大大向东推进，并可利用岛上的海空军基地，有效地监视和警戒夏威夷群岛的美国太平洋舰队的行动。另一方面，日军占领中途岛，还可以在美国中部太平洋防御圈上打开一个缺口，威胁夏威夷群岛，并将其作为日后攻占夏威夷的跳板。

山本五十六清楚地看到了中途岛的战略价值，他希望尽快进攻中途岛。山本五十六之所以极力主张进攻中途岛，是由于他还有一个更为阴险狡猾的战略构想，那就是他打算以攻击中途岛为诱饵，诱出美国航空母舰编队并与之决战，从而达到消灭美国航空母舰的目的。

2. 等待“猎物”上钩

1942 年 5 月 5 日，当珊瑚海海战进入高潮的时候，日本城乡挤满了游行的人群。游行的队伍打着色彩鲜艳的鲤鱼旗和纸风筝，日本人怀着一个频频取得军事胜利的国家所特有的欢快心情，庆祝着他们一年一度的“男孩节”。

东京帝国参谋本部选择这一吉日发布了一道作战命令，这个作战命令将使战争胜利的潮流倒转。

“天皇陛下谕令联合舰队总司令为山本五十六。”日本海军第 18 号命令提到，“联合舰队司令山本五十六同陆军合作，占领中途岛和阿留申群岛以西的战略据点。”

日本海军第 18 号命令布置了“中途岛战役”的具体计划。这道命令发动了帝国海军从未敢进行的一场最大的战役，并且倡导了一种新战略，山本五十六希望这种战略可以导致一场“决定性的海战”。

山本五十六相信以日本海军压倒性的优势必将取得战争的最后胜利。然后，他打算利用个人的极高声望劝说东条英机首相做出让步，从而使美国走到谈判桌边来，并使太平洋战争迅速结束。

接到命令的那一天，山本五十六正在停泊在广岛以南景色如画的柱岛锚地的旗舰上，和他的高级军官一起参加情况介绍会和模拟作战演习。半年来，帝国海军的主力舰艇，包括新服役的 8 万吨巨型战舰“大和”号战列舰，都在它们的浮标周围悠闲的摇荡着。见过大部分海战的舰载机驾驶员轻蔑地称它们是“柱岛舰队”。现在，这艘军舰的宽敞密室里聚集着日本的海军众将领们，这支舰队即将开往战场，它要参加一次大规模的海战了。

经过山本五十六的作战参谋黑岛龟人多日的冥思苦想，他将山本五十六复杂而又庞大计划的各个方面组合在一起了。在总司令山本五十六的亲自指导下，参谋部经过了紧张地研究，制订了将日本

日本“大和”号战列舰

防线延伸到1737海里，扩展到太平洋中部以威胁澳大利亚生命线的战略。

山本五十六已经打算和美国海军摊牌。在4天的会议中，他向舰队的各位舰长和高级军官提出计划，要求发动一系列连锁攻势。8艘航空母舰、11艘战列舰、22艘巡洋舰、66艘驱逐舰、24艘潜艇和700余架海军飞机将参加战斗。整个舰队分成6个单独的小舰队，部署在马里亚纳群岛至阿留申群岛辽阔的海面上。

整个战役将由一系列在时间上密切配合的行动组成，攻击目标集中在中途岛。一支2000人的部队将于“N”日进攻这座环状珊瑚岛，在此要对阿留申群岛的美国基地进行牵制性袭击。在“N”日的第二天，入侵的运兵船从塞班起航，南云忠一的航空母舰突击部队必须在进攻前进行轰炸，削弱美军在中途岛的防御工事，这是日本整个战略成败的关键。

山本五十六要埋伏在这两个相距很远的攻击舰队之间，等候出自珍珠港的美国太平洋舰队前来进攻，他的潜艇埋伏在太平洋舰队的航行路线上，准备在最后的水面战斗之前给它一个重大的打击。

“大和”号战列舰上在场的某些高级军官对这个计划提出了批评。第2舰队司令近藤信竹对进攻中途岛计划表示怀疑，因为该岛的陆基轰炸机对日本军舰可能构成强大的威胁。南云忠一的航空母舰指挥官们，对于主力舰队将被部署在260海里以外的地方表示不安，这个距离太遥远了，一旦他们需要支援是来不及的。在宽敞的作战室里进行海战模拟演习时，这项总计划有许多潜在缺点暴露了出来。

因为日本联合舰队在海上必须实行无线电静默，所以通讯联络显然成了问题。并且，西北方向的许多航空母舰明显暴露了，很容易遭受攻击。

但是，山本五十六断然拒绝考虑将计划推迟到6月1日为最后期限的建议，不允许制订进一步的计划或对他的战略方案细节做出重大修改。山本五十六此时已经沉浸在过分的自信中。不得不说的是，山本五十六虽然一贯极力强调舰载机的攻击力量，但是他为“决定性的海战”制订的战术计划，最终强调的是战舰之间的老式炮战。

有一个最严重的问题被山本五十六忽视了，这个问题正好存在于他进攻中途岛和阿留申群岛的宏伟计划的基础上。“胜利病”似乎使山本五十六强烈的战略意识迟钝了，他想抓两个遥遥相隔的目标，却忘记了关于集中兵力的原则。

由于6个小舰队分散在数千海里的太平洋上，日本联合舰队将会失去它的压倒优势。想要引诱美国舰队进行“决战”，山本五十六的战略需要美国海军指挥官按照他的宏伟计划行事。但是，美国人事前对中途岛战役的计划有足够的了解，他们将集中太平洋舰队的一切力量对中途岛的入侵进行打击。这就从根本上破坏了山本五十六整个复杂计划的安排。

让人感到意外的是，山本五十六忘记了珊瑚海航空母舰交锋的教训。中途岛战役会议在“大和”号战列舰上举行的时候，珊瑚海上的交锋仍未见分晓，但等到结果出来后，其有力地证明了空中袭击的速度和破坏力足以改变当时海军的战术。

此时，山本五十六和他的参谋部仍然坚信，美国太平洋舰队必定会如期对他们进攻中途岛的战略做出反应。于是，不久之后日本的舰队就开始了他们的征途。

5 月 27 日，在日本濑户内海海面上，一支自第二次世界大战以来最庞大的舰队已经集结完毕。当东方的白光渐渐泛在海面上时，人们看到了这支舰队的阵容。

在山本五十六的旗舰“大和”号战列舰的周围，簇拥着数十艘各式各样的军舰。上午 8 点，南云忠一在他的旗舰“赤城”号航空母舰上发出了起航的命令。顿时，锚链溅起白色水花，南云忠一率领的机动编队驶向茫茫大海。

重大战役之前的那种紧张和激动的气氛充满了这支舰队。南云忠一舰队以 16 节的航速，成一路纵队从阳光斑驳的濑户内海出发。在前面的是“长良”号轻巡洋舰，后面跟着第 10 驱逐舰战队的 11 艘威武的舰只，接下来的是组成第 8 巡洋舰战队的“利根”号重巡洋舰和“筑摩”号重巡洋舰。随后是“榛名”号战列舰和“雾岛”号战列舰。在最后压阵的则是 4 艘航空母舰，分别是“赤城”号航空母舰、“加贺”号航空母舰、“飞龙”号航空母舰和“苍龙”号航

“赤城”号航空母舰舰桥部的飞行甲板

空母舰。

舰队在航行中，不时遇到日本渔船，每艘渔船上的人都热烈地向舰队招手欢呼。机动部队驶过一些小岛时，岸边成群的孩子在大人的带领下频频挥舞着太阳旗。

5 月 27 日这天恰好是日本的海军节。日本舰队的这次远征，充满了节日的气氛，与 5 个多月前出击珍珠港时的严格保密，形成了鲜明的对比。

日本报界更是极尽其所能，为海军大唱颂歌。当时日本有一篇

东条英机

文章赞颂道："今年的海军节不只是个纪念性的日子，回忆性的日子，还是个大功告成的日子。""今天，英国的制海权已经丧失。作为英国帮凶的美国，其海军也几乎已被日本海军摧毁。因此，今天日本已名列世界海军强国之首。"

在日本议会第80次特别会议期间，日本首相东条英机这样说："目前，国内国外的有利形势仅仅是我们取得这次战争最后胜利的前奏。""美国和英国已经一而再，再而三地遭到失败，但他们对公众隐瞒他们遭受致命挫折的真相，拼命进行虚假宣传，妄图缓和国内的批评指责，防止中立国对其疏远。这里，我不禁要对美国和英国的民众表示同情。"

外相东乡茂德还夸张地将日本与德国、意大利的亲善关系描绘成一幅玫瑰色的图画。他大大地嘲笑了英国人一番，预言英国即将灭亡，他还集中力量对美国人进行了辱骂。

日本海相岛田繁太郎在会议上详细地叙述了太平洋和印度洋的战事，其中包括珊瑚海战役。岛田繁太郎所列举的战果是惊人的，他向国会报告了不真实的战果。其实他根本不需要撒谎，因为当时日本海军的战绩确实非凡，无需用谎报来抬高数字。

“请允许我向你们担保，帝国海军的将士斗志昂扬，充满必胜信心。他们将一如既往，不怕任何艰难险阻，征服敌人，以夺取战争的最后胜利，不达目的决不罢休。”岛田繁太郎最后这样说道。

就这样，在日本国内，当时大多数日本人都认为美国太平洋舰队实际上已经完蛋了。

了解了当时日本上下这种狂热寻求征服的气氛，骄傲和自负的情绪，再来看日本发动中途岛之战就不难理解了。这种笼罩着日本国土的狂妄自大、盲目轻敌的态度，断送了日本舰队出征中途岛的前程。

在日本漫长的历史上，给太阳旗增辉最多的海军部队莫过于联合舰队的第1航空舰队。太平洋战争爆发以来，第1航空舰队已经击沉敌军战列舰5艘、航空母舰1艘、巡洋舰2艘、驱逐舰7艘，重创敌舰多艘，使许多小吨位的舰船葬身海底，而它自己却只舰未失。在不到6个月的时间里，它势如破竹地从珍珠港打到印度洋。统领这支舰队的，就是南云忠一。而南云忠一这个名字也已被美国人和英国人所熟知。

草鹿龙之介是南云忠一的一个得力干将，虽然草鹿龙之介不是飞行员，但他有着一系列在航空兵中任职的良好履历，其中包括就任“凤翔”号小型航空母舰和“赤城”号大型航空母舰的指挥职务。他是日本海军中唯一一位敢于向山本五十六的作战计划提出完全不同意见的人。在过去的作战中，他的知识弥补了南云忠一在航空专业方面的缺陷，而且草鹿龙之介的平衡能力也减轻了困扰南云忠一的许多问题。

南云忠一的另一个得力助手是担任航空参谋的源田实。他是南云忠一参谋班子之中最精通航空力量的人。南云忠一常常把他的意见当作专家的意见，经常和他商量对策，南云忠一很信赖源田实的判断。

在南云忠一的核心参谋圈子中，渊田美津雄也起着特别重要的作用。当渊田美津雄接到调回“赤城”号航空母舰的命令时，他已积累了大约3000小时的飞行时间。源田实曾经对渊田美津雄作这样的评价:“渊田美津雄有一种很强的战斗精神，这是他最好的品质。渊田美津雄也是一名能够理解任何给定情况并迅速做出反应的天才的领导，他不仅是我们最好的飞行领导人，还是一名优秀的参谋。”5个多月前日本攻击珍珠港时，正是由渊田美津雄担任空中攻击的总指挥官。

南云忠一从担任第1航空舰队司令的那一天起，已不再是一位普普通通的海军中将。从那时起，他无论成败都将会被写进日本的历史。

27日中午，南云忠一的攻击舰队已驶离丰后水道，他们驶入了宽阔的海面。

但是，在向中途岛航渡过程中，渊田美津雄患了急性阑尾炎，因此不能担任飞行队长。祸不单行的是在渊田美津雄的阑尾切除后不几天，他又得了肺炎。

如果，这两件不幸的事情发生在当初去袭击珍珠港的途中，那肯定会愁死了南云忠一。但此时，南云忠一觉得这种突发状况好像对指挥作战的影响并不太大。

南云忠一和草鹿龙之介都没有把这个起关键作用的人的突然不能参战看作是不祥的兆头。他们根本不知道尼米兹正在中途岛附近等着他们。

渊田美津雄

★南云忠一

1887 年 3 月 25 日，南云忠一出生在本州北部的山形县。他从江田岛毕业时，名列班上前 10 名。他曾在战列舰、巡洋舰和驱逐舰的不同岗位上服役过。20 年代中期，南云忠一到欧洲和美国旅行。回日本后，他再次到了海上，继而去海军大学任教，在那儿他得到了令人羡慕的晋升。然后又回到海上，先任“那珂”号轻型巡洋舰舰长，后任第 11 驱逐舰战队司令。不久，调到海军军令部工作两年。虽然南云忠一知道调他到军令部是对他的能力的肯定，但他总觉得自己最适合在海上干。1934 年 11 月 15 日，他当上了“山城”号战列舰的舰长。一年之后，南云忠一晋升为海军少将，时年 48 岁。第二次世界大战爆发时，南云忠一是第 3 战列舰战队司令。1939 年 11 月 15 日，南云忠一又得到了海军中将这个高级军衔。一年之后，他不得不再次上岸，任东京的海军大学校长。当任命他为第 1 航空舰队司令的决定下来时，他仍在海军大学工作。

南云忠一高颧骨，下巴和颌显得很结实，给人一种能够承担重大责任的感觉。他挺胸时给人的感觉十分傲慢，走路一向昂首阔步。南云忠一是一位老式的军官，也是一位鱼雷攻击和海上作战的高手。但是，在南云忠一的经历中，没有任何与空军有关的事情。日本海军的一些高级军官曾认为让南云忠一担任日本海军航空兵的这个主角很不适合，当他成为第 1 航空舰队司令时，他对航空兵的实力和潜力毫无概念。而事实上，在当时，全世界几乎找不出一位海军将军是航空方面的专家。

南云忠一被任命为第 1 航空舰队的指挥官。为了弥补南云忠一专业上的这个弱点，海军军令部派草鹿龙之介当他的参谋长。

3. 美日的行动

5 月 27 日到 29 日，日本联合舰队的各部队陆续出发。近藤信竹指挥的登陆中途岛部队和山本五十六直接指挥的主力部队是最后一批起航的。

年轻时的山本五十六

在向中途岛行驶的过程中，山本五十六通常每天不到5点就开始工作。他起身后的第一件事就是看天气情况，他非常关心天气。因为主力舰队离开港口后，雾越来越浓，在这种天气下航行不仅麻烦很多，而且相当危险。

山本五十六每天早上都一头扎进当天的电文堆中。这些电文来自舰队各部，包括每日作战报告和侦察报告，通常有100份左右。午餐之后，山本五十六照例返回舰桥，在那里他一坐就是一下午，密切地注视舰队的行动。晚餐与早餐、午餐时一样，他总是边吃边谈，晚餐的聚会时间会稍长些，会后，山本五十六就回到自己的舱内。直到20点左右，他会再次来到舰桥上，不是去工作而是去下棋。

在下棋的时候，山本五十六不希望有人打扰。于是，他授权他的幕僚在这段时间里可以独自处置一些不影响整个战局的紧急情况。

日本联合舰队参谋长宇垣缠是山本五十六的得力助手。他在日本人中算是高个子，很有头脑，口才也很好。宇垣缠被誉为日本最优秀的军官之一，享有日本海军战略权威的盛名。由于山本五十六要求有一位熟知东京海军最高当局情况、作风踏实、精明能干的行家作为助手，所以宇垣缠于1941年8月下旬到联合舰队任职。自登上“长门”号战列舰以后，他一直忠实、有效地为山本五十六效力，并成了山本五十六最信任的人。

5月30日这天，天气开始变坏，山本五十六的部队遇到了狂风暴雨，大浪铺天盖地地打到巡洋舰、驱逐舰甲板上。这使山本五十六的心情很不平静，他急切地等待着对夏威夷进行战前空中侦察的消息。但是，当日军侦察机飞到弗伦奇——弗里格特环礁加油时，却发现美军已将那里作为其水上飞机基地了。结果使用侦察机进行侦察的计划失败了，山本五十六得知此消息后十分沮丧，只得把了解美军情况的希望寄托在日军设立的潜艇警戒线上。

可是，日军潜艇于6月4日才到达预定的警戒阵位，这比预计的晚了整整两天。而美国第16、第17特混舰队已在此前通过了日军设置的潜艇警戒水域，所以山本五十六费尽心机在中途岛与夏威夷中间设置的3道潜艇警戒线没能提供任何有价值的情报。

从6月1日开始，山本五十六连续接到了一些兆头不好的情报：

“无线电侦察发现，从夏威夷发出的电讯有明显的增加，在所截收到的180份电报中有72份是急电，说明情况有些反常。”

“美军明显加强了对中途岛西南方面的巡逻，巡逻距离也扩大为 600 海里。”

“美军的空中警戒也明显加强，大批敌机昼夜巡逻。”

此时东京海军军令部发来的一封令正处于忐忑中的山本五十六感到宽慰的电报，电报中说：“军令部经过研究，判断美国航空母舰部队还在所罗门群岛附近活动。”

2 日，海面上大雾弥漫，日本军舰编队在浓浓的雾中航行。虽然这种天气可以让山本五十六的舰队不容易被发现，但他们同样也很难发现敌人。直到 3 日的零点，无迹象表明日军舰队被美军发现。

6 月 3 日凌晨，在阿留申群岛方向作战的角田觉治率领的第 2 机动部队到达对荷兰港实施空袭的阵位。

天还没亮，在“龙骧”号航空母舰旗舰舰桥上，日军的飞机在飞行甲板上已经准备起飞，角田觉治焦急地问航空参谋官奥宫正武现在能不能发动进攻。奥宫正武回答说：“还得稍等一会儿。”同时，

日军“龙骧”号航空母舰

奥宫正武心里正想着这次作战所遇到的麻烦。

在这次作战中，有一个问题最严重，那就是飞行员使用的荷兰港地区的地形图，这是根据30年前的老图复制的，另外的一张是跟这张地形图同样古老的照片。这个岛的海岸线有很多地方在地图上都划着虚线，表示没有勘查过。日军对这个岛的情况一无所知。在这样恶劣的天气里，如果飞行员找不到目标，那么返回航空母舰也是有困难的，有些飞机甚至有可能会迷航。

但奥宫正武明白这是战争，现在决不能动摇决心。尽管有雾，但只要能见度稍微好转，就必须发动进攻，他越来越焦急地望着天空。终于在2点38分，他们开始逐渐能看到舰队其他军舰的轮廓了。

2点43分，奥宫正武大声喊道:“司令，现在可以起飞了！”此时，他们已经能清楚地看到数海里之外的“隼鹰”号航空母舰了。

角田觉治点了点头，然后望了望通信参谋冈田恰。冈田恰大声传令:“各飞行队起飞！”旗舰上发出了闪光信号。飞机依次从飞行甲板上起飞，飞进朦胧的迷雾中。从“龙骧”号航空母舰上起飞11架轰炸机和6架战斗机，从“隼鹰”号航空母舰上起飞12架轰炸机和6架战斗机。所有这些飞机都由志贺淑雄指挥。

云高只有150至200米，无法保持编队飞行，所以飞机只好各自飞往东北180余海里的荷兰港。由山上正幸率领的“龙骧”号航空母舰飞行队，冒着恶劣天气巧妙地穿过断云，飞抵荷兰港

“隼鹰”号航空母舰

上空。幸亏荷兰港上空没有云雾。但是，他们也没有发现美军飞机或舰艇。

4点07分，日本轰炸机投下了中途岛之战的第一颗鱼雷。日本飞机对荷兰港的轰炸，基本没有受到美军的抵抗，除了一架战斗机在扫射时被美军炮火击中后迫降在荷兰港东北20海里的阿克坦岛南岸外，山上正幸指挥的其余飞机全部返回了航空母舰。

志贺淑雄率领的“隼鹰”号航空母舰的飞机，在驶往目标途中同一架美军水上飞机遭遇。美国飞机被日本护航战斗机击落。日本机队因此而耽误了一些时间，加上气候恶劣，结果没能到达荷兰港袭击美军任何陆上目标就返航了。

6月2日，美国的两支航空母舰特混舰队按预定计划到达中途岛东北约325海里处的“运气点”海域（北纬32°、西经173°）。会合后，两个编队由弗莱彻统一指挥，继续向中途岛东北方向航进。当天深夜，美军太平洋舰队参谋部的主要成员都进入各自战位。他们知道，日军将在6月3日发动进攻。

6月3日4点刚过，美国无线电侦听站开始收到日军的断续电报，获悉日军可能在阿留申群岛东部开始进行特殊的空中活动。实际上，此时日军正在空袭荷兰港。此时，尼米兹将军保守的认为，这可能是日本巡逻机飞越荷兰港上空的侦察活动，而不是日军作战计划中展开行动的一个组成部分。

尼米兹的估计是错误的。进入6月3日以来，已经有好几个小时过去了，但从北面和西面都没有传来任何发现敌军舰队的消息，尼米兹开始感到有些不安。

但是，在中途岛以西大约608海里的拱形搜索面顶端巡逻的一架美国PBY“卡塔利娜”式水上飞机，揭开了日本人的秘密。

美国陆军在11点25分收到这份报告。陆军的B–17轰炸机接到警报后立即从这座环形珊瑚岛的机场跑道起飞。

不得不说，在追踪日军的过程中，美国飞机上的年轻官兵心情

美国 PBY“卡塔利娜”式水上飞机

一直都很激动，他们十分专心地观察着敌情，根本没注意自己的位置。此时，杰克·里德突然意识到自己已在中途岛以西约 750 海里处，他距离日本本土的距离，比那支日本舰队距离日本本土的距离还要近。而且，原定的返回时间已过了两个多小时，燃料只够飞回基地。他立即请示返航，很快就得到了上级的批准。

美军驶出了日本可能的防空火力射程后，他们都松了口气。杰克·里德后来回忆：“可以毫不夸大地说，在绕过敌军舰队直至在地平线上看不见它们的这段时间里，我们先是紧张害怕，继而兴奋激动，最后兴高采烈。发现敌军舰队已经够幸运了，竟然还能连续跟踪观察敌人达两个半小时之久而没有被发现，真是格外幸运。”

杰克·里德的发现对于中途岛战役具有关键意义。赛马德和拉姆齐收到电报后，一边迅速地作部署，一边向尼米兹报告。中途岛的无线电波立即传到了夏威夷。太平洋舰队通信官莫里斯·E·柯茨拿着这份报告飞速地跑到尼米兹的办公室。

尼米兹正在那里同莱顿商量问题，他看完电报，突然从座位上站起来，激动地说："莱顿，你看到这份报告没有？"

"这是什么，长官？"莱顿问道。

此时的尼米兹喜形于色地对莱顿说："这将扫清所有的怀疑者。他们应当看看这个报告，就知道我告诉他们的是正确的。"

尼米兹立即将这个观察报告递给莱顿。为了不使弗莱彻的第17特混舰队闻讯后，往南追击日军运输舰队，太平洋舰队总司令用无线电发出紧急信号："是主力舰队！那不是敌人的突击部队。"同时还提醒弗莱彻"明天早晨日本航空母舰将向中途岛发起攻击"。

几乎在尼米兹收到发现日本编队电报的同时，山本五十六也收到一份田中赖三的告急电："我带领输送船队于9点在中途岛以西600海里处被一架美国搜索机发现。"接电后，刚刚还是笑逐颜开的山本五十六幕僚们，顿时又坠入忧郁的愁云之中。他们一直担心的事终于发生了。

当19架"飞行堡垒"式轰炸机轰隆隆地飞过国际日期变更线，到达日本护航舰队上空的时候，已进入6月3日下午。但从3000米的高空袭击下面缓缓行进的目标，对于这些缺乏训练的轰炸员来说是一件非常困难的事情。

不久后，山本五十六接到的报告说，没有舰船中弹，这使他松了一口气。

当天下午在中途岛降落的4架新的海军PBY“卡塔利娜”式水上飞机，也奉命装上了鱼雷，立即起飞进行第二次袭击。当它们开足马力俯冲下去的时候，已是入夜时分。飞机低低地掠过运输舰队，投下鱼雷，只击伤1艘油船。

此时此刻，驶往中途岛的南云忠一部队的神经渐渐地紧张了起来。这两次袭击的消息使山本五十六误认为他入侵中途岛的计划已

B-17飞行堡垒重型轰炸机

经暴露，但这并没有引起山本五十六和他的参谋部的过分不安。他们断定，只有比原计划提前几小时把太平洋舰队的主力引出珍珠港才对他们有利，中途岛是他们精心设置陷阱里的诱饵。

在中途岛，6 月 3 日的夜晚过得很慢。紧张中的海军陆战队炮手们希望他们不会遇到威克岛那样的命运，他们在炮架旁边尽量抽空打会儿盹。守卫这座岛屿的 110 架飞机的空勤人员，在收音机旁边也打起瞌睡来，因为他们准备在一声令下就登上飞机。总部有一台监视雷达，固定在荧光显示器上面的天线，向太平洋夜空发射着无形的电磁波。

在东北 250 海里处航行的 3 艘美国航空母舰上的官兵，也觉得这一夜很长。许多人向亲属写了战斗前夕的信件。“约克城”号航空母舰上的飞行员在 21 点刚刚结束马拉松式掷骰子赌博，就听见迪克 · 克罗韦尔对他们说：“美国的命运现在掌握在 240 名飞行员手里。”在这 3 艘航空母舰的机库甲板上，机械师彻夜检查飞机，厨师们做出了几千份三明治，供第二天战斗时食用。

“局势正按预料的发展。应当找出执行最重要任务的航空母舰。”太平洋舰队总司令向他的特混舰队指挥官发出消除疑虑的紧急信号，提醒他们：“明天将是你们给日本人吃点苦头的时候了。”

6 月 4 日凌晨，南云忠一在对各种情况进行分析之后，做出了以下判断：“敌人尚未察觉我方企图，也未发现我方机动部队。敌方对舰队大概会在我军中途岛攻击作战开始之后做出反应。没有迹象表明敌军机动部队在我方附近。因此，我们可以先空袭中途岛，歼灭岛上岸基飞机，支援我方登陆作战。尔后，再转过头来迎击向我方出动的敌军机动部队，予以歼灭。”南云忠一的这一判断是完全错误的。正是这一判断，使他在几个小时后几乎全军覆灭。

南云忠一没有命令战列舰和巡洋舰所载的 10 架水上飞机全部出动，在黎明时对中途岛周围的海面进行全面侦察。如果南云忠一能够像山本五十六那样，在 3 天以前就怀疑夏威夷附近的地方可能有一艘美国航空母舰，那么他很可能就不会只出动 4 架水上飞机了。

第 17 特混舰队的中“大黄蜂”号航空母舰

凌晨4点30分，日本舰队的上空一片藏红，日本飞往中途岛的第一架飞机在“赤城”号航空母舰上滑跑起飞。它越过起飞线，渊田美津雄非常遗憾地望着这架飞机起飞，因为他已经不能再指挥这次进攻。

这一次，率领飞机前去袭击的是友永丈市，他将率领“飞龙”号航空母舰所载的轰炸机中队进行第一次海上作战。

★美军意外的发现

驾驶PBY巡逻轰炸机的是美国杰克·里德。这天清晨，里德驾驶飞机从中途岛起飞，朝威克岛方向进行例行巡逻。自从他所在的第44巡逻机中队飞抵中途岛以来，里德的PBY-5A号机每天巡逻至少12小时。

里德一边驾着飞机，一边非常仔细地观察着空中。他知道他的飞机随时可能被威克岛的日军巡逻机发现，因为日本的飞机已经重创了美军4架PBY巡逻轰炸机。里德的飞机已经飞出中途岛6个小时，抵达巡逻区的尽头，但仍未发现日本巡逻机的影子，里德和他的机组人员都感到有些沮丧。

正当里德开始转弯，准备进入返回中途岛的航线时，他突然发现水天交接线上有几个小黑点。起初，他以为是挡风玻璃上的污点，没有理会，继续往前飞行。后来他猛地醒悟过来，对副驾驶杰拉尔德·哈曼德喊道：“那些东西你瞧见没有？”

里德发现在前面30海里的海面上有一排运载即将攻占中途岛的日军的运输舰。于是，这架“卡塔利娜”式水上飞机跟踪了两个小时，以便证实护航舰队的航向和行进速度，然后用无线电报告：“主力舰队，方位262°，距离608海里，11艘舰只，航向90°，速度19海里/小时。”

4. 空中激战

中途岛是夏威夷群岛的一部分，位于北美洲至亚洲的太平洋航线的中央位置，因而得名。它是太平洋中间的一个礁岛，这里距旧金山和横滨均为2800海里，距珍珠港1100海里。该岛由沙岛和东岛两个岛屿围成一个直径约6海里的圆形环礁，陆地面积4.7平方公里，是个天然良港。

1867年，中途岛被美国占领，1903年起美国在岛上开始建立海军基地和海底电缆站。在第二次世界大战期间，中途岛是美军在中太平洋的重要海空基地。此处地势平坦，北部有一个港口。东岛约为沙岛的一半大小，呈三角形，建有飞机场。

美军把中途岛扩建为海军巡逻机的前进基地，在岛上修建了机场跑道。它对保卫珍珠港起着重要作用。如果作为前方空中观察基地的中途岛失守，美军就无法派遣侦察机进行远程搜索，不能掌握

美国中途岛海军基地

日军舰队动向。珍珠港如果无法固守，太平洋将会随之沦入日军之手，美国的西海岸也就门户大开了。

在中途岛西北240海里的水面上，南云忠一的部队终于等来了出击的时刻，此刻这里已是杀气腾腾。

中途岛的美军虽然知道日军将在6月4日发动进攻，但弄不清楚日军究竟会在4日的什么时刻进攻，使用多大兵力进攻。因此，从3日夜间，中途岛就开始焦虑不安地观察着，等待着。

为及时发现来袭的日军机群，美军中途岛指挥官派出了两个各由6架战斗机组成的分队，掩护11架“卡塔林纳”式飞机在空中巡逻。在岛上，香农的第6陆战守备营的高射炮兵已经全部进入战斗岗位。码头上停泊的 8 艘鱼雷艇随时准备去营救幸存者，并做好了用机枪射击来犯敌机的准备。4 架陆军 B–26 轰炸机和 VT–8 分遣队的 6 架海军 TBF 鱼雷机正在等待战斗的召唤。VMSB–241 中队的 11 架“复仇者”式轰炸机以及 16 架“破坏者”式鱼雷攻击机也在待命出击。

美国决策者们确定了一个很不错的作战方案，这一中途岛防御作战方案有以下三个要点：

一、一旦沙岛和东岛的雷达站报告日本飞机接近，他们就让机场上能起飞的飞机全部升空，以防止日军将他们的飞机击毁在机场上。

二、在雷达站报告说敌人逼近时，他们将通过无线电指挥 VMF–221 中队不等敌机飞临该岛上空就进行拦截。

三、VMSB–241 中队将在距东岛 20 海里，90° 方位处集结待命，随时寻歼日本航空母舰或跟踪袭击返航的日本飞机。

6 月 4 日 5 点 20 分，美军飞机发来报告称“发现一架来历不明的飞机”。这份报告并没有引起人们的注意，中途岛仍然沉浸在令人不安的寂静中。但仅仅 10 分钟后，另一份电报令中途岛立即行动起来了。这份电报的内容就是：“发现一艘日本航空母舰！方位 320° ，距离 180 海里。”

侦察机待机室传出所有侦察机立即行动的命令，战斗警报和作战命令在最短的时间内下达到了陆军、海军和陆战队的各航空人员，第6守备营也下令其高射炮群“向所有判明为非我方的飞机开火”。

5点45分，美军发现了被尼米兹称为“此次战斗中最重要的敌情”。进行侦察飞行的美国观察员突然发现两批拥有45架飞机的日本机群正在向他们逼近。这两名侦察员没有加密，直接用明语报告了敌情：“很多飞机正飞向中途岛，方位320°，距离150海里。”因为他们清醒地意识到，在这个时候争速度抢时间比保密更为重要。

5点52分，美国飞机再次发来报告，发现“两艘航空母舰及主力舰只，以航空母舰为先导，航向135°，航速35节。”1分钟后，沙岛的雷达站也发来报告：“敌机数架，距离93海里，310°，高度33.5千米。”几分钟后，沙岛雷达站又报告说：“敌机不是数架，而是许多架！”

刹那间，中途岛响起了一片空袭警报声，待命中的各种战斗机相继升空。中途岛接到报告后，用电报向珍珠港作了转达，太平洋舰队司令部可以在作战地图上确定主要目标的位置，满面笑容的尼米兹向莱顿表示祝贺：“好，你的估计只差4.3海里。”

帕克斯的第1分队旋即升空，柯廷的第4分队紧接着起飞。接着，凯里率领“野猫”式机起飞。马里恩·E.卡尔及其僚机克莱顿·M.坎菲尔德少尉也随后起飞。与此同时，阿米斯特德已率领本分队6架“水牛”式战斗机升空，盘旋待命。

这时，雷达荧光屏上已经很清楚地显示出日本机群的情况。日本飞机飞得很高，成一个批次直逼中途岛而来。中途岛命令阿米斯特德和亨尼西转向 320°，让他们助同伴一臂之力。

凯里的 3 架“野猫”式战斗机最先遇到了日本飞机。凯里飞得较高，目光敏锐的他首先发现了敌人。6 点 12 分，凯里在 36600 米高空发现了日本轰炸机。这批日本飞机可能是“飞龙”号航空母舰

飞过航空母舰上空的“野猫”式战斗机

和“苍龙”号航空母舰的高空轰炸机。当初从航空母舰上起飞时共18架，但其中一架因发动机出了故障，被迫中途返航。

日本的战斗机并没有飞在机群前为轰炸机开路，而是飞得比轰炸机稍后偏高点。这就使凯里得以迅速向日军轰炸机发起攻击，而且不至于被“零”式战斗机追上。

凯里驾着“野猫”式战斗机向日军飞机冲了过去，他很快就瞄准一架领队机并将其击落。但当他再次准备发动进攻向日本飞机编队的后部飞去时，他的飞机被一架日本轰炸机尾部机枪击中，钢铁碎片飞进了他的双腿。

坎菲尔德一路随着凯里，当他甩掉敌军战斗机后追上了正在歪歪扭扭的向中途岛方向飞行的凯里。因为凯里双腿负伤，无法正常操作方向舵。坎菲尔德担负起领航的责任，他引导坎菲尔德一路借助云层的掩护返航。

坎菲尔德率先降落，他刚好在日本人空袭前跳进了掩体。凯里紧跟着降落，但他的飞机滑出了跑道撞进一个飞机掩体。有两个人跳上去，把他从飞机里拉出来，拖到掩体后面。他们刚躲到掩体后不久，日军的炸弹就落了下来。

这个时候，卡尔正在向日本机群开火。卡尔爬升到6090米的高度后，向中途岛的上空飞去。接近中途岛时，他发现距基地大约2海里处有3架日本“零”式战斗机正在低空盘旋，立即全速朝这几架飞机冲去。卡尔进入其中一架日本飞机的盘旋轨道，从后面将其击落。另外两架“零”式战斗机很快向卡尔扑上来，卡尔遁入云层躲避。其中一架日本飞机停止了追击，另一架继续逼近，并不断向他射击。

卡尔见“零”式战斗机高速追上来，他突然把他的“野猫”式飞机的速度放慢，进入滑行。因为“零”式战斗机的速度极快，所以一下子就窜到了他的前面。当日本飞机从卡尔身边飞过时，卡尔连连射击，一举将那架飞机击落。

帕克斯率领的第1分队升空后，发现两支呈“V”形编队的日本轰炸机分队，每个分队有9架飞机。这些飞机是阿部平次郎率领的“飞龙”号航空母舰的水平轰炸机。帕克斯的5架“水牛”式战斗机从上方接敌。但是很遗憾，第1分队在击落一架日本飞机后，所有的飞机都被日军击落。

柯廷第4分队中的驾驶员达雷尔·欧文目睹了第1分队英勇战斗场面，突然他被一架“零”式战斗机从身后咬住。欧文想逃脱，但被日本飞机死死盯住。欧文飞机的左副翼首先被日本飞机打掉了一大块，欧文见已无法操纵飞机作战了，就急速向中途岛飞去。

此时，又飞来一架日本飞机。两架日本飞机频频向欧文发起攻击。日本飞行员每次都打中了欧文的飞机。欧文被这两架日本飞机咬得很紧，无法回身反击，他只想尽快把它们甩掉，或者把它们诱入美军的对空火力网。两架日本飞机在后边紧追，欧文把脑袋缩进座舱里，冒着日本飞机的俯冲轰炸，6点50分在中途岛降落。

亨尼西率领第2分队的6架战斗机升空后不久，就发现了日军的飞机编队。亨尼西指挥着6架战斗机，迅速冲向日本编队。菲利普·R. 怀特首先甩掉了紧跟自己身后的一架日本“零”式战斗机。然后，他很快找到了一架正飞离该空领域的日本飞机并将其送入了大海。

打掉日本飞机后，怀特打算再次爬高寻找战机。此时，一架轰炸机在云层中时隐时现。怀特立即将自己这架老掉牙的“水牛”的马力开到最大，向那架飞机追去。怀特悄悄地接近那架飞机直到很近的距离，那架日本飞机还没有发现。怀特射出了一长串子弹打坏了日本飞机的发动机，那架轰炸机的速度顿时大减。

但遗憾的是，怀特的弹药已耗尽，已经无法收拾这个囊中之物了。怀特击中的这架日本飞机，正是日军飞行队长友永丈市驾驶的。友永丈市飞机中弹的时间是6点55分。中弹后，友永丈市立即命令各中队独立作战，并向南云忠一报告说：“我被击中，已命令各中队独立作战。”

怀特匆匆返回中途岛，补充弹药后再度起飞。但他还没有来得及再次打击来犯日本飞机，就收到了关于全部返航的命令。在第2分队中，生还的只有怀特和赫伯特·T·梅里尔。

怀特目睹了许多战友的牺牲，因而对“水牛”式战斗机的性能极为不满。他评价说：“F2A-3‘水牛’式战斗机根本不是战斗机，日本‘零’式战斗机可以绕着它转圈飞。我认为，指挥官在命令飞行员驾驶F2A-3‘水牛’式战斗机升空时，就应当认为这名飞行员已经阵亡了。”

与第1、第2分队相比，阿米斯特德的第3分队运气还算不错。当听到凯里“发现目标”的呼叫后，阿米斯特德指挥他的6机编队立即爬升。他看到，日本飞机在4270米的高度嗡嗡地向前飞，日本飞机编队的位置在阿米斯特德右侧约2海里，距离中途岛约8海里。

阿米斯特德扑向日军轰炸机组成的“V”形编队时，有5架战斗机将其紧紧地跟进，另外还有1架“野猫”式战斗机也跟了上来。这架“野猫”式战斗机是由斯旺斯伯格驾驶的。阿米斯特德开火后，有两架日本飞机起火。随后，3架日军战斗机成一路跟了上来。

美军落后的F2A-3“水牛”式战斗机

这些日本飞机爬升的角度很陡，速度很快。当离阿米斯特德最近的那架飞机处于他身后下方 150 米时，阿米斯特德发现这 3 架飞机都是“零”式战斗机。

阿米斯特德突然急转弯，可是已经晚了，他的“水牛”式战斗机已中了许多日本飞机发射的子弹，其中左副翼上中弹尤为严重。阿米斯特德继续全速俯冲，但他的飞机由于副翼被打坏而进入了左转螺旋状态。他拼命设法使飞机摆脱螺旋，直到下降至 150 米的高度时，才恢复了水平飞行。阿米斯特德的飞机丧失了战斗力，他掉转方向飞回中途岛上空。

此时，中途岛正遭日本飞机猛烈轰炸，因此他就在离岛约 15 海里的上空盘旋，一直盘旋到空袭结束才降落。

第 3 分队第 2 小队队长威廉·亨伯德战斗过程中一直紧紧跟在阿米斯特德后面。在距离中途岛大约 30 ~ 35 海里处，他击落 1 架日军飞机。接着，亨伯德一个大转弯飞到日本飞机编队的另一侧，希望能再击落 1 架日本飞机，但他被 2 架日本“零”式战斗机紧逼。亨伯德脱离一架后，另一架“零”式战斗机却紧追不放，亨伯德保持全速直到飞出相当远的距离才摆脱日本飞机。

摆脱敌机之后，亨伯德突然杀了一个回马枪，从后面将 1 架日本飞机点射进了大海。此刻，亨伯德离开最初与日本人遭遇的地点大约有 40 海里。当他重新爬升到 3050 米的高度时，发现油料和弹药量都降到了危险点，于是电告中途岛请求降落。

这时，日本飞机对机场的轰炸已经结束，亨伯德收到了同意他降落的答复。当到达机场时，他飞机的液压剂已点滴无存，减速板和起落架都无法放下，所以只好靠应急系统迫降。最终，他安全地着陆了。

★日军准备袭击中途岛

6月4日4点整，日本“赤城”号航空母舰的喇叭声中传出了“全体飞行员，集合！”的命令。飞行员们迅速地挤进情况室，听取最后的指令。几分钟后，飞行员听完情况介绍，跑上甲板，奔向等候在那里的飞机。

青木泰二郎舰长将航空母舰转向逆风，将航速增至10.2海里/小时。随后，航空母舰上的探照灯光把整个飞行甲板照得清清楚楚，在一片明亮中，飞机的排气管里正开始喷出灰白色的燃气，它们的引擎发动了。这时，参加过珍珠港作战的千早猛彦走到渊田美津雄面前，与他告别，渊田美津雄祝他马到成功。

只听一名传令兵高声报告说：“各机准备完毕！”青木泰二郎立即下令起飞。

4点30分，第一架“零”式战斗机在一片欢呼声中腾空而起，人们狂热的挥动着手臂为之送行。随后，又有8架“零”式战斗机升空，接着起飞的是俯冲轰炸机。

在距“赤城”号航空母舰左舷大约4000米处，“飞龙”号航空母舰上的飞机也正在起飞。渊田美津雄将领队的任务，交给了“飞龙”号航空母舰飞行队长友永丈市。

友永丈市是在“飞龙”号航空母舰即将从日本出发时才到舰上来的，在太平洋海战中他还没有显露过身手。友永丈市率领的机群，除了“赤城”号航空母舰起飞的飞机外，还有“飞龙”号航空母舰和“苍龙”号航空母舰上的36架水平轰炸机。

由“加贺”号航空母舰上的小川正一率领的36架俯冲轰炸机从友永丈市身后左侧上来了。小川正一参加过“加贺”号航空母舰包括袭击珍珠港在内的所有战斗，在日本海军中，他以技术娴熟、作战勇敢而著称。

每艘航空母舰派出9架“零”式战斗机，担任护航任务，它们统一由“苍龙”号航空母舰的菅波正治率领。

在舰员们雷鸣般的狂呼声中，攻击中途岛的108架飞机从4艘航空母舰上陆续起飞。4点45分，机群编队完毕后绕舰队飞行一周，然后向东南方向的天边飞去。

第四章

美日海上激战

★美军所做的充分准备和早期发现日军来袭的机群，这大大地降低了日军空袭的效果，因此日军对中途岛的空袭没有达到预定目标。

★就在南云忠一的突击舰队向中途岛发动第一波空袭的同时，美国方面也在积极准备发动对日本入侵舰队的反击。

★ 6 月 4 日从黎明到现在，日本人的运气似乎好得不得了。美国近百架轰炸机和鱼雷机发动的第五、第六个批次轮番空袭竟然全部落空，未伤到日本军舰一根毫毛，而自己却损失惨重。

★ 19 点 25 分，“加贺”号航空母舰完全沉没。

★突然，一道明亮夺目的爆炸闪光，照得“赤城”号航空母舰舰桥上的日本军官眼花缭乱。一支往上高蹿的火柱将他们掀翻在地。几乎同时，舰上火焰乱蹿，浓烟四起。

★短短 6 分钟内，“赤城”号航空母舰被彻底炸毁了。

1. 蓄谋的日军

1942 年 6 月 4 日凌晨，“赤城”号航空母舰上的扩音器突然响了起来，进攻的时刻到了。

当黎明的第一抹曙光出现在海天之际时，日本 4 艘航空母舰上的探照灯都已经打开，照亮了宽敞的飞行甲板。这 4 艘航空母舰上配备的飞机数量分别是：“赤城”号航空母舰上配备飞机 54 架，“加贺”号航空母舰上配备飞机 63 架，“飞龙”号航空母舰上配备飞机 54 架，“苍龙”号航空母舰上配备飞机 56 架。此刻这 4 艘航空母舰位于中途岛西北 240 海里，正迎着着风全速行驶，它们为舰载机的起飞做准备。

4 点 30 分，日军下达了进攻的命令，第一架“零”式战斗机随后起飞。

第一攻击波刚刚起飞完毕，南云忠一立刻命令第二攻击波做好出击准备。与此同时，南云忠一突击舰队的 7 架川崎 H8K 水上侦察机，受命前往东面和南面搜索美国航空母舰。其中 5 架侦察机顺利起飞了，但是“利根”号重巡洋舰上的 2 架侦察机，却因为弹射器发生故障，起飞时间耽误了半个小时。这一耽误，给日本舰队以后带来了意想不到的厄运。

此时在中途岛的美军已有准备，正严阵以待南云忠一的第一批突击飞机。

美国海军太平洋舰队司令尼米兹在了解到日军即将进攻中途岛的意图后，往这个如同弹丸大的小岛上调集了大批飞机，包括侦察机、俯冲轰炸机、水平轰炸机、战斗机和鱼雷攻击机。其中具体有：

PBY–5A“卡特莱纳”式水上侦察机 32 架；

F4F–3“野猫”式战斗机 6 架；

F2A–3“水牛”式战斗机 20 架；

B–17“飞行堡垒”式轰炸机 4 架；

B–26“劫掠者”式轰炸机 4 架；

SBD–3“无畏”式俯冲轰炸机 16 架；

SB2U“守护者”式俯冲轰炸机 11 架；

川崎 H8K 水上侦察机

TBF-1“复仇者”式鱼雷攻击机6架。

于是，在5点45分，美军巡逻飞机发现来袭的日本飞机，立即用明码向中途岛报告。很快，中途岛上的雷达发现了来袭的日军机群。当战斗警报被拉响时，尼米兹命令岛上的所有飞机立即起飞。他用战斗机迎击日本机群，轰炸机和鱼雷攻击机全部飞往海上去寻歼日军舰队。

一场空中较量开始了。当中途岛上的所有飞机刚刚起飞完毕，美国战斗机就和日本飞机遇上了。

一架“零”式战斗机飞离甲板

日本护航的“零”式战斗机队，在美国飞机还来没来得及冲入日本的轰炸机群时，就首先和他们干了起来。双方的飞机俯冲，跃升，相互紧咬追逐。日本的战斗机不但在数量上超过迎击的美国飞机，而且在性能上也比美国优越。

由三菱公司生产的 A6M2“零”式战斗机，虽然只装一台 950 轴马力的发动机。但是由于机体轻巧，最大高空时速可达 534 千米 / 小时，海平面可达 454 千米 / 小时，机上装两挺 7.7 毫米机枪和两门 20 毫米机炮。

由格鲁门公司生产的 F4F–3“野猫”式战斗机，装一台 1200 轴马力发动机，最大高空时速 515 千米 / 小时，海平面时速 441 千米 / 小时，装 6 挺 12.7 毫米机枪。

由布鲁斯特公司生产的 F2A–3“水牛”式战斗机，性能则更差一些。它装一台 950 轴马力的发动机，高空最大时速 517 千米 / 小时，只有 4 挺 12.7 毫米机枪。

途中空战的结果，美国飞机被击落 16 架，有 4 架因伤在海上迫降，还有 4 架被击伤。日军只损失 2 架战斗机。轰炸机和攻击机顺利地在中途岛降落。

没有了美国飞机的拦截，日本攻击机群直扑中途岛。轰炸机冒着猛烈的高射炮火频频俯冲的危险，肆意轰炸了 20 分钟，炸中了岛上建筑物、油库和一个海上飞机库。可是日本轰炸机想要在中途岛消灭对方航空力量的企图却落空了。它们所能找到的轰炸目标，不过是空的飞行跑道和几座空机库，岛上所有的飞机都已飞上了高空。

在中途岛上空进行激烈空战的同时，岛上的地面守军也与空中的日军展开了一场生死搏斗。

按照日军空袭中途岛的计划，水平轰炸机首先到达中途岛上空，它们的任务之一就是压制美军的高炮火力，为俯冲轰炸机以及进行低空攻击的“零”式战斗机扫清道路，然后再去轰炸机场和其他设施。“飞龙”号航空母舰上的飞机集中袭击沙岛。“苍龙”号航空母舰上的飞机分成两批，第 1 中队协同“飞龙”号航空母舰上的飞机在沙岛上空作战，第 2 中队轰炸东岛。

6 点 30 分。营指挥所通知所属部队：“目标进入我方射程之内就开火。”

从新安装在沙岛上的雷达荧光屏上可以清楚地看出，日本轰炸机还在向中途岛逼近。日本飞机越来越近，美军高炮部队严阵以待，做好了射击准备。

当第一批飞机进入高炮射程以内时，中途岛上的高射炮吐出一条条火舌，一发发高射炮弹在空中绽放出雾白色的“花朵”。此时，汤普森少尉发现炮弹似乎都在日本飞机机身稍后处爆炸，但他也看见一发炮弹直接命中目标。他抓起望远镜观察，看见这架飞机脱离编队，笔直地坠落下去，日本飞机飞行员没有来得及跳伞。日军大批攻击飞机已经临空，炸弹像雨点般倾泻而下。拉姆齐和赛马德纵

沙岛被日机轰炸后一片狼藉

身跳进了掩体。

战斗打响后，美军鱼雷艇上的人员密切地搜索着空中，他们随时准备抢救被击落的美军飞行员，也打算有机会时俘获日军飞行员。这时，第二架日军飞机坠落，只见那架轰炸机轰然起火，溅落在礁湖之中，飞机上的炸弹掉在离飞机溅落处不远的地方，两者都差点落在鱼雷艇上。

日军水平轰炸机集中猛轰沙岛。美军战斗机先是全力以赴地对付日本机群中打头阵的水平轰炸机，接着又要拼死与日军的“零”

式战斗机周旋。所以，当“赤城”号航空母舰和“加贺”号航空母舰上的俯冲轰炸机飞临中途岛上空时，美军战斗机无缘与其交手，没能伤到来袭者的一根毫毛。

日军飞机倾泻在东岛上的炸弹，全部落在二号跑道以北。有一颗炸弹落在靠近一号跑道东端的中央，把跑道炸开了一个大坑。

6 点 38 分，一架俯冲轰炸机炸毁了发电站，从而使岛上的供电系统和一个蒸馏水厂陷于瘫痪。这是对东岛造成的最大破坏。水平

燃烧的美军油库

轰炸机还炸毁了码头区和主要贮油区间的输油管路，从而使美军不得不靠人工为飞机加油。随后，陆战队的伙房也被炸弹击中。

沙岛的3个贮油罐被彻底炸毁。这些油罐的油整整烧了2天，滚滚的浓烟遮天蔽日，高射炮的火力发挥因为浓烟弥漫受到了很大影响。禁闭室被炸平，海军洗衣房也挨了一颗炸弹，房内的衣物全部化为灰烬，害得拉姆齐只剩下了身上穿的衣服，这身衣服他一直穿到6月12日回珍珠港后被尼米兹召见时才换下。

2架美军飞机与2架日军“零”式战斗机在空中厮杀。由于“零”式战斗机性能好，美国飞机显得有些招架不住，只好试图把它们引诱到高炮阵地上空，让地面火炮轰炸它们。结果，一架美国飞机栽了下来，另一架也危在旦夕。幸亏地面上的美军高炮突然一阵猛烈的射击，挽救了那架美国飞机。

日本飞行员对美国人毫不手软。帕克斯的飞机被击中后，在飞机坠落之前跳伞逃生。一架“零”轰炸飞机看到后，立即飞过去用机枪扫射，帕克斯成了空中的活靶子。因此，许多美军官兵目睹帕克斯惨死的情景。

6点43分，南云忠一收到友永丈市的电报：“我们已完成任务，正在返航。”5分钟后，中途岛上的雷达站向营指挥所报告：“日本飞机群沿300°方位离去。”

领队的友永丈市大尉在袭击结束后，驾机巡视了全岛。他虽然看到中途岛已经成了一片浓烟滚滚的火海，但是也发现岛上的飞机跑道并未被彻底摧毁。他认为有必要对中途岛实施第二波攻击。但此时他率领的第一攻击波飞机，弹药已尽，油料也所剩无几，只得返航。

这时已是太平洋中部时间早晨7点。友永丈市大尉从飞机上向南云忠一舰队发出电报:“突击机群返航，有必要进行再次袭击。”

7点15分，赛马德发出解除空袭的警报，召回飞机并与参谋人员一起统计损失情况，研究下一步对策。

然而，发出电文后返回的美军战斗机少得可怜，26名飞行员中有14名在点名时永远不可能再得到回复了，另外还有几个人受了伤。美国能继续进行作战的战斗机只剩下了2架。中途岛的美军战斗机基本上全军覆没。

在日本的第一次攻击波中，美军一共击落日本飞机10余架，击伤30余架。中途岛上受到的破坏和损失比预想的要小，全岛有20多人死亡，飞机跑道只受到轻微的破坏。

美军所做的充分准备和早期已经发现日军来袭的机群，这大大地降低了日军空袭的效果，因此日军对中途岛的空袭没有达到预定目标。

友永丈市的机群在霞光映红的天空中逐渐远去。友永丈市的第一攻击波于4点30分起飞后，南云忠一命令立即把航空母舰机库内的飞机一架架提到飞行甲板上。这些飞机一共有103架。分别为:36架“99”式俯冲轰炸机（其中有18架来自“飞龙”号航空母舰，有 18 架来自“苍龙”号航空母舰)，43 架“97”式水平轰炸机（其中有 17 架来自“赤城”号航空母舰，有 26 架来自“加贺”号航空母舰），24 架“零”式战斗机。俯冲轰炸机每架飞机携带 1 颗 225 公斤炸弹，水平轰炸机每架飞机携带 1 枚鱼雷。飞机上携带的弹药，是专门对付美国军舰的。南云忠一准备用这些飞机来对付美军的特混舰队。

大约 6 点 40 分左右，南云忠一正好收到了友永丈市发来的“有必要进行再次袭击”的电报。于是，南云忠一决定用飞机更换弹药，准备再次空袭中途岛。这就是说，“赤城”号航空母舰和“加贺”号航空母舰上已经装好鱼雷的水平轰炸机必须卸下全部鱼雷，换上炸弹。已在飞行甲板上的水平轰炸机，只有一架架被送回到机库，才能重新装上炸弹。飞行人员、地勤人员和军械人员接到命令

日本“97”式水平轰炸机

后，立即开始进行这一吃力的工作。

换装弹药的工作刚刚开始不久，南云忠一突然接到一架搜索机的报告：“发现10艘敌舰，方位10°，距离中途岛240海里，航向150°，航速20节以上，时间7点28分。”

在“赤城”号航空母舰的舰桥上的南云忠一和他的幕僚收到这份电报时犹如晴天霹雳。他们根本没有预料到美军的水面部队竟然出现得这么快，更没有预料到美国的军舰就在附近等待伏击他们。整个形势立即发生了重大变化。

★布鲁克斯少尉幸存

在中途岛上空的激战中，历经最多惊险的要数威廉·V.布鲁克斯了。

那天早晨，他所在的小组把2架日本飞机打得起火后，威廉·V.布鲁克斯和威廉·E.桑多瓦尔两人又冲到日军轰炸机编队的右侧。在击中了1架日本飞机后，2架日本“零”式战斗机立刻向布鲁克斯猛扑过来。布鲁克斯匆忙飞向第6营的高炮群上空寻求掩护，2架日本飞机果然被美军高射炮火赶跑。但是，此时布鲁克斯的飞机已经中了很多枪弹，机翼、仪表和座舱弹洞累累。

这时，布鲁克斯看见东边有2架飞机在战斗，就赶忙飞过去，想助患难中的伙伴一臂之力。可当他飞近时，却发现2架飞机一齐向他扑来，他大惊失色。原来，那2架飞机都是日本飞机，布鲁克斯在逆着阳光的情况下看花了眼。它们假装格斗，以诱使美国飞机上当。

布鲁克斯心知无力与日本飞机抗衡，只好开足马力，向中途岛飞去。在被日本飞机追逐的过程中，他的飞机又挨了不少子弹。他一边逃跑，一边躲避日本飞机的子弹。突然，又有2架日本飞机从正面向他冲过来，他避开了其中一架，并勇敢地向另一架开了火，这架“零”式战斗机受伤后赶忙向北方逃去。

当布鲁克斯在机场上空盘旋而准备降落时，他看见一架“零”式战斗机正在对付一架美军飞机。尽管此时他的4挺机枪已有3挺卡了壳，但他还是选择了再次飞过中途岛上空，以仅有的一挺机枪去战斗。可他没能及时赶到营救自己的战友脱险，亲眼看着那架被日军击中的美军飞机坠入大海。

他感到心里非常难过，心情沉痛的飞回中途岛降落。着陆后，在检查飞机受伤情况时，布鲁克斯发现自己的飞机上有72个子弹和炮弹的弹孔，他的左腿也受了轻伤。

2. 美军准备反击

就在南云忠一的突击舰队向中途岛发动第一波空袭的同时，美国方面也在积极准备发动对日本入侵舰队的反击。

6月4日黎明，日出前半小时。美国海军第17特混舰队指挥官弗莱彻，从“约克城”号航空母舰上派出了10架侦察机去搜寻日本的舰队。不过首先发现日本航空母舰的，还是从中途岛起飞的侦察机。

弗莱彻接到有关日本舰队的确切情报后，却不能从他所乘坐的“约克城”号航空母舰上派出舰载机首先出击。因为他所派出的10架侦察机的燃油快用完了，需要把飞行甲板空出来，先让侦察机降落。

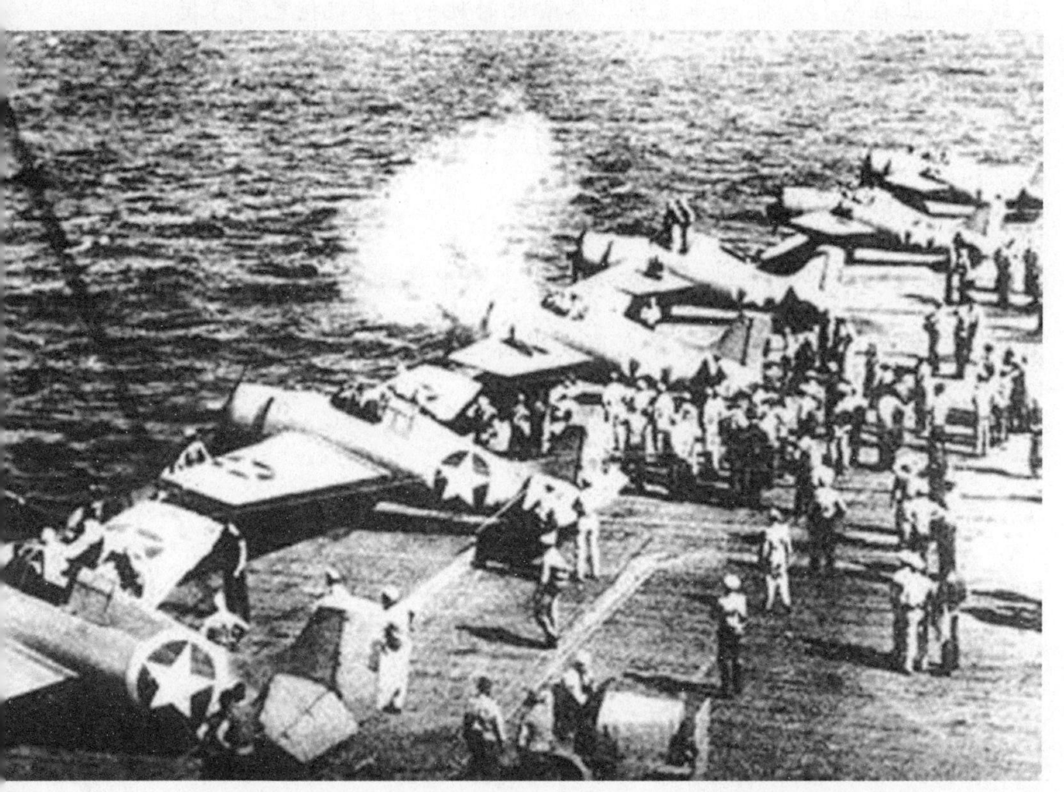

“约克城”号航空母舰飞行甲板上准备起飞的“复仇者”式鱼雷机

清晨 6 点 07 分，弗莱彻向“企业”号航空母舰上的斯普鲁恩斯发去电报，命令第 16 特混舰队首先向日本舰队发起空袭，第 17 特混舰队随后跟上。斯普鲁恩斯本来计划再航行 3 小时，也就是当天上午 9 点，再出动舰载机进行攻击。因为到那时他同日本舰队之间的距离，将缩短到 160 公里以内。这对于航程有限的舰载攻击机和战斗机作战比较有利。

不过斯普鲁恩斯的参谋人员提出了不同意见。特混舰队参谋长米切尔·布朗宁认为，如果把出击时间定在上午 7 点而不是 9 点，那么就能使出击的飞机在日本航空母舰最脆弱的时刻，也就是在他们空袭中途岛的飞机返回航空母舰降落的时刻，正好抵达日本军舰上空发动攻击。

这是一个大胆冒险的主意。因为飞行距离比原计划远了，危险也增大了。斯普鲁恩斯的攻击机和护航的战斗机都可能由于油料耗尽而无法返航。要是在平时，斯普鲁恩斯是不会冒这个险的。而这一次，由于有可能给日本舰队来个突然袭击，他也就把危险置之度外了。

经过深思熟虑，斯普鲁恩斯做出了关系此次战役胜败的第一个重要决定，是采纳布朗宁的意见，把出击时间提前到上午 7 点；第二个同样重要的决定，是命令 2 艘航空母舰上的大部分飞机出动参加袭击，下了一个很大的赌注。

当时，第 16 特混舰队所辖的 2 艘航空母舰，拥有飞机数量分别是:“企业”号航空母舰上有80架飞机,“大黄蜂”号航空母舰上有80架飞机。

上午7点02分,14架“复仇者”式鱼雷攻击机,32架“无畏”式俯冲轰炸机在10架“野猫”式战斗机护航下,从“企业”号航空母舰上起飞;15架“复仇者”式鱼雷攻击机、35架“无畏”式俯冲轰炸机在10架“野猫”式战斗机护航下从“大黄蜂”号航空母舰上起飞。这样,总共29架鱼雷攻击机,67架俯冲轰炸机,在20架战斗机的护航下,离开航空母舰,远程奔袭敌人舰队。他们的油料只够勉强返航,但是飞行勇士们义无反顾,杀奔战场。斯普鲁恩斯只留下8架“无畏”式俯冲轰炸机和36架“野猫”式战斗机来保卫自己舰队的安全。

弗莱彻率领的第17特混舰队跟在斯普鲁恩斯后边大约15海里。过了一个半小时,他才命令飞机起飞。弗莱彻考虑到侦察机只发现了日军2艘航空母舰,保留了一半飞机备用。他的“约克城”号航空母舰载机95架,等到12架“复仇者”式鱼雷攻击机和17架“无畏”式俯冲轰炸机在6架“野猫”式战斗机的护航下飞离“约克城”号航空母舰的甲板,已经是上午9点06分了。

日本方面,情报参谋小野幸三首先在海图上查明了美国舰位置,他估量了双方距离,向南云忠一报告说:敌人离我们恰好200海里,这个距离在我方飞机的攻击圈内,但是,如果美军部队中有航空母舰的话,我们也处于敌人飞机的攻击圈内。

日本航空母舰特遣舰队前往中途岛海域

搜索飞机的报告没有说美军究竟包括哪些兵力。这使南云忠一、草鹿龙之介参谋长和参谋们既担心，又恼火。“赤城”号航空母舰立即发出电报，严令搜索机：“立即查明敌军舰种并保持接触。”

在发现美军水面部队前，南云忠一已下令水平轰炸机队卸掉鱼雷，换上 800 公斤重的炸弹，换装弹药的作业已经进行了大半。如果搜索飞机证实美国舰队中有航空母舰，那是对南云忠一舰队的最大威胁。因此，南云忠一认为必须做好对付的准备。

于是，6月4日7点45分，南云忠一命令这两艘航空母舰立即停止弹药换装工作，准备攻击敌舰。7点58分，搜索机报告，敌舰改变航向，现在的航向为80°，但仍未报告舰种。对此，南云忠一的参谋们急得发疯。

8点整，“赤城”号航空母舰命令搜索机立即报告敌舰队兵力组成情况。8点09分，搜索机来电说：“敌舰为5艘巡洋舰和5艘驱逐舰。”接到电报后，小野幸三情报参谋洋洋得意地说：“跟我想的一样，没有航空母舰。”随手把电报递给了草鹿龙之介参谋长。

草鹿龙之介的反应是，如果美国舰队中没有航空母舰，舰队就可以放心地先歼灭中途岛上的美国航空兵力，稍后再去收拾海上的舰队。

但是，前面的消息所带来的宽慰没有持续多久，8点20分，搜索机又报告说：“敌军舰队最后部好像有1艘航空母舰。”这个报告使“赤城”号航空母舰舰桥上的每一个人都紧张起来。

8点30分，搜索飞机又发来报告：“敌舰队中尚有另2艘军舰，显然是巡洋舰。方位008，距离中途岛250海里，航向150°，航速20节。”根据美军兵力的规模，南云忠一断定：敌军兵力中至少有1艘航空母舰。所以，他决定在第二次空袭中途岛以前，首先攻击这些美国军舰。

可是，当南云忠一下令停止换装攻击中途岛的弹药时，“赤城”号航空母舰和“加贺”号航空母舰上的大部分水平轰炸机都已把鱼雷卸掉并装上了炸弹，这些飞机已不适合用来攻击美国军舰。因此，此时真正装好弹药可用于进攻美国军舰并已排在飞行甲板上准备起飞的飞机，只有“飞龙”号航空母舰和“苍龙”号航空母舰的36架俯冲轰炸机，仅靠这些飞机的力量来对付美国军舰是不够的。

问题的关键在于，当时仅有的24架“零”式战斗机中，有17架已升空担负警戒任务，南云忠一手中几乎没有战斗机来随同这些俯冲轰炸机和水平轰炸机担负掩护进攻任务了。如果他派出没有战斗机掩护的俯冲轰炸机和水平轰炸机去对美国特混舰队采取先发制人的攻击方式，就可能遭到极重大的损失。

这意味着要把已经拉上甲板，准备第二次袭击中途岛的飞机，再次放进甲板下面的机库内。“我们又要行动了。”“赤城”号航空母舰上的增田空军中尉叫着。“这好像是一场迅速换装比赛。”升降机的警铃响起来了，把停在甲板上的飞机吊进机库，腾出飞行甲板供飞机降落。疲倦的甲板人员开始把更多的炸弹和鱼雷装进卡车拖到甲板上来。

由于“换装”进行得很仓促，没有人力也没有时间把准备进行第二次袭击的飞机上卸下的高爆炸弹安全地存进弹药库。它们只是堆放在飞机库里，许多飞机还装着引信，而飞机开始在甲板上降落了。

在返航的飞机一架接着一架降落在飞行甲板上的时候，机库里也在拼命地赶着给水平轰炸机重新装雷。只穿着短袖衬衣和短裤的

一架日本战斗机被击毁

地勤人员匆忙地卸掉重磅炸弹，来不及把卸下的炸弹送回到下面的弹药库去，只好暂时堆放在机库旁边。而这些随便放置的炸弹，在美国飞机来袭时竟然成了“赤城”号航空母舰的夺命弹。

8点55分，收回飞机的工作将近完成时，南云忠一开始发出指令，执行他的计划的其余部分。他向各舰发出了一个灯光信号下令：收机作业完成后我方部队暂时向北航行。日军计划接触并歼灭敌机动部队。

“飞机降落完毕后，我们准备寻找并歼灭敌人。”南云忠一给各航空母舰舰长发出信号，同时向山本五十六报告发现了航空母舰舰队的惊人消息，南云忠一告诉山本五十六："我们将迎上去。"

降落行动按预定计划在9点后完成。飞机开始加油，日本航空母舰的甲板上一片忙乱。油管弯弯曲曲地伸到甲板，弹药车被推了出来，给飞机重新装上炸弹。南云忠一限定在10点30分必须开始出动102架飞机，这还不是他的全部实力，因为他仍然没有收到发现的不止一艘美国航空母舰的报告。

同时，南云忠一派出一架快速水上飞机前去证实"利根"号重巡洋舰的那架水上飞机的侦察结果，几分钟后，当它到了那里，驾驶员沮丧地发现他的无线电出了故障。

在遭到美国飞机和潜艇袭击之后，日军忙乱了半小时，南云忠一忽视了20分钟之前一架侦察海面的水上飞机发回的警报："10架敌人的鱼雷飞机飞向你们。"9点18分，攻击舰队正排成菱形向北行驶，"飞龙"号航空母舰在前，"赤城"号航空母舰在后，相距约6.9海里，左右是"加贺"号航空母舰和"苍龙"号航空母舰。这时，在右边外围护航的驱逐舰急忙发出发现飞机的警报，并施放烟雾弹。

旗舰上军号齐鸣，信号灯发出信号命令："加速准备，立即起飞！"飞行员踏着乱七八糟的油管奔向各自的飞机。"零"式战斗机开始呼啸地飞上天空，同已经在向美国的鱼雷飞机俯冲过去的巡逻机队会合。

当日本人避开美国舰队的方向，在自己的航空母舰上埋头为进攻飞机作准备的时候，美国飞机也在准备着攻击。9 点 25 分，从美国“大黄蜂”号航空母舰起飞的15架“复仇者”鱼雷攻击机，由沃尔德伦率领，低低地掠过海面朝“加贺”号航空母舰的右舷飞来。

他们经过 2 小时又 20 分钟的远程飞行，已经相当疲劳了。更糟糕的是，为他们护航的 10 架“野猫”式战斗机，此刻也同他们失散了。“野猫”式战斗机为了占据对“零”式战斗机的有利高度，一直在高空云上飞行。当云层下的鱼雷机发现敌舰队的时候，不得不在没有战斗机护航下投入进攻。

日军几十架“零”式战斗机向他们扑来，20 毫米的机炮喷出猛烈的炮弹，这些老式的鱼雷机毫无还手之力，在日军战斗机的拦截下还未投下鱼雷就全被击落。当空中 15 个黑点中的最后一个，化为一阵轻烟消失时，在舰上观战的日本水兵欣喜若狂，狂叫喝彩。

然而喝彩声未绝，在舰队边缘警戒的驱逐舰就接连发出紧急警报:“敌鱼雷攻击机正从低空飞向右舷！”“敌鱼雷机逼近右舷！”

此时是 6 月 4 日上午 9 点 40 分，从美国“企业”号航空母舰上起飞的 14 架“复仇者”式鱼雷攻击机，也抵达了日本舰队上空，他们同样也与自己的护航战斗机失散了。尽管如此，这些鱼雷攻击机还是奋不顾身地向“加贺”号航空母舰发动攻击。在日军战斗机的凶猛拦击下，9 架“复仇者”式鱼雷攻击机在投下鱼雷前就被击落，余下的 5 架投下的鱼雷无一命中，反被击落 1 架，在返航中又

一架受伤的美军“复仇者”式鱼雷轰炸机飞临“约克城”号航空母舰上空

有 3 架因受伤太重而坠海，最后仅 1 架返回航空母舰。

没让日本人喘口气，上午 10 点整，美国舰载鱼雷机对南云忠一舰队发动第三次攻击。这次是来自“约克城”号航空母舰上的 12 架“复仇者”式鱼雷攻击机，有 6 架“野猫”式战斗机护航。当他们逼近“苍龙”号航空母舰时，数量远比“野猫”式战斗机多的日本“零”式战斗机，已经把美国的护航机团团围住。

失去护航的美国鱼雷机，对“苍龙”号航空母舰发动攻击，并没有取得很理想的战果。最后只有 2 架鱼雷机和 1 架战斗机逃脱了被击落的命运。其他美国飞机，全部葬身海底。从清晨到现在，美军的岸基飞机和舰载机共出动了 99 架次，损失惨重，却毫无收获。从 3 艘美国航空母舰上派出的 41 架鱼雷攻击机，损失了 38 架，只有 3 架勉强返航。

6 月 4 日从黎明到现在，日本人的运气似乎好得不得了。美国近百架轰炸机和鱼雷机发动的第五、第六个批次的轮番空袭，竟然全部落空，未伤到日本军舰一根毫毛，而自己却损失惨重。

10 点 22 分，南云忠一接到报告，各项准备工作完成，飞机可

一架“复仇者”式鱼雷攻击机执行完攻击任务返回“企业”号航空母舰

以立即起飞。南云忠一随即下达了准备起飞的命令。在“赤城”号航空母舰的飞行甲板上，全部飞机都已经发动。庞大的航空母舰开始逆风航行。只要开始起飞，仅需几分钟的时间，全部飞机都可以离舰升空。

此时，南云忠一的心情也很激动，他感到胜利已经在握。但是，他没有料到，命运之神偏偏不给他这几分钟的时间。只是在转眼之间，就出现了令他目瞪口呆的事情。

上午10点24分，南云忠一舰载飞机的全部出击准备已经完成，第一架护航战斗机滑出甲板起飞。

★南云忠一进退两难

南云忠一的处境很艰难，可谓是进退维谷、骑虎难下。正在这时，更大的麻烦出现了。友永丈市的飞机（第一攻击队）空袭中途岛归来，急需在航空母舰上降落，有些战斗机由于燃油耗尽，如不尽快降落就会坠入大海。

这种情况逼着南云忠一必须立即做出决断，或者是立即让俯冲轰炸机和水平轰炸机起飞，在没有战斗机掩护的情况下去攻击敌人，以便腾出飞行甲板让友永丈市的飞机降落，这样将会遭受巨大损失；或者立即把甲板上的飞机挪开，好让友永丈市的飞机降落，这样将大大地推迟了发动进攻的时间。这是一个关于4艘航空母舰命运的重大决断，这个决策一旦失误，后果将不堪设想。舰队的整个前途，就掌握在南云忠一的一念之间。

南云忠一感受到了前所未有的巨大精神压力。他反复考虑，足足有十几分钟的时间，举棋不定。此时，第 2 航空战队司令山口多闻沉不住气了，他紧急建议南云忠一："我认为应立即命令攻击部队起飞。"

可是，南云忠一认为在没有战斗机掩护的情况下派出攻击机太冒险，应该首先收回空袭中途岛的飞机和执行战斗巡逻任务的战斗机，等做好一切准备之后，使俯冲轰炸机和水平轰炸机在战斗机的可靠掩护下再全力进攻。同时，为了防止在做好进攻准备前遭到美军舰载机的攻击，舰队应暂时北撤。

最后，由于参谋们担保飞机降落行动可在半小时内完成，南云忠一又一次在源田实的默默认可下决定先让第一次袭击中途岛的飞机降落、加油和重新装弹，然后起飞执行袭击敌人的任务。

3. 日军海上覆灭

6 月 4 日 10 点 24 分，从美国航空母舰舰桥的话筒里，发出了"开始起飞"的命令。飞行长摇动着小白旗，第一架"零"式战斗机开足马力，飞离了飞行甲板。

突然，日军瞭望哨喊道："俯冲轰炸机！"原来，"一流飞行员"

克拉伦斯·韦德·麦克拉斯基的机群开始攻击了。

美军前两批鱼雷机的攻击，并未对日本军舰造成大的威胁，日军的4艘航空母舰一直在继续进行攻击美军舰队的准备。日本飞机一架一架地从机库里提上来，迅速在飞行甲板上排好。而这次麦克拉斯基带领的这群不速之客，却将南云忠一舰队推入了死亡的深渊。

麦克拉斯基和他的飞行员们，从高空看到海面上的日本航空母舰正在掉头转到迎风的方向，准备让航空母舰舰上的飞机起飞。

麦克拉斯基立即下达攻击日本航空母舰的命令。他命令理查德·贝斯特率领的中队去攻击“看上去比较小的一艘”日本航空母舰——“赤城”号航空母舰；命令威尔默·加拉赫率领的中队跟随他本人去攻击“加贺”号航空母舰。

一声令下，早就渴望为珍珠港报仇的美国飞行员们，个个奋勇争先，往日本舰队俯冲下去。

“俯冲轰炸机！俯冲轰炸机！”一名日本军舰上的防空哨兵尖叫起来。他发现了美国轰炸机的前锋正从云端飞来。这些轰炸机神不知鬼不觉地悄悄逼近，正好在日本航空母舰编队无法还手的恰当时刻到来。

对于任何一个俯冲轰炸机的飞行员来说，这都是一幅壮观的景象：在洋面上阵容庞大的战舰，组成一个巨大的环形队列，在这护卫圈的当中，是4艘大型航空母舰。更妙的是，在舰队的上方和周围，连日本护航飞机的影子都没有，所有的飞机都排列在航空母舰的甲板上，似乎对它们的危险处境一无所知。

俯冲下去的加威尔默·拉赫，瞄准了画在“加贺”号航空母舰飞行甲板上的太阳旗，那血红的太阳的直径，足有15米。

10点24分，9架美国飞机向“加贺”号航空母舰俯冲，各投了1颗鱼雷。头3颗鱼雷都差一点命中，在“加贺”号航空母舰的周围掀起了水柱，没有造成任何损伤。但接着的6颗炸弹中有4颗击中了“加贺”号航空母舰飞行甲板的前段、中段和后段。

炸弹正好落在最靠近舰首的舰桥旁边，击中了停在那里的一辆小加油车，立即爆炸使整个舰桥和四周的甲板区起火，导致许多日军舰员死伤。舰长冈田次作和在这艘军舰指挥中枢的其他人员当场阵亡。在这场大劫中，免于遭难的老资格飞行长军官天谷孝久立即接替了“加贺”号航空母舰的指挥。

舰上迅即燃起了大火。舰员们拼死努力想制止火势的蔓延，但失败了，整个军舰完全被烈火包围，几乎找不到一处可以躲避的地方。天谷孝久等大部分人员，不得不撤到右舷的小艇甲板上躲避。

“加贺”号航空母舰这艘巨舰在几分钟内就被彻底摧毁了。舰上油烟滚滚，舰身被烈火烤得发黑，舰舱里不断发生爆炸，整个“加贺”号航空母舰被笼罩在一片火海之中。

“加贺”号航空母舰被燃烧的命运，把在“赤城”号航空母舰上目睹这一切的草鹿龙之介惊得呆若木鸡。他没有注意到美国俯冲

“加贺”号上的双联装高射炮向美军战机猛烈开火

轰炸机也在向他这艘航空母舰扑来。

南云忠一带着指挥部离开后，青木泰二郎舰长指挥“赤城”号航空母舰的舰员继续努力控制火势。但他们的努力无异于杯水车薪。由于发电机停止工作，舰上不仅失去了照明，而且连灭火用的水泵也失去了作用。机库的防火门已被烧毁，化学灭火机全部不能用了。而且甲板不断发生着爆炸，每次爆炸都炸穿甲板，伤害到许多人。

烈火继续蔓延，火势越来越猛，热气通过进气孔，蹿进军舰最底下的部分，在那里的工作人员开始因窒息而昏倒。为了使部下得救，机电长穿过燃烧中的甲板，跑到上面向舰长报告了机舱情况。舰长立即下令全体机电人员马上到甲板上来。但是，已经太晚了，带着这道命令试图穿过火海下去的传令兵一去不返，机舱人员没有一个人幸免于难。

伤亡不断增加，火势失控了。18点，青木泰二郎舰长决定弃舰。伤员开始转移到小船和汽艇上，许多没有负伤的人跳到海里，游泳离开了“赤城”号航空母舰。

青木泰二郎舰长于19点20分从一艘驱逐舰上发电报给南云忠一，请求批准将被毁的航空母舰炸沉。联合舰队的旗舰截收到了这份电报。22点25分，山本五十六发出暂缓处置“赤诚”号航空母舰的命令。

青木泰二郎舰长接到这一命令后，独自返回“赤城”号航空母舰。他回到还没有被大火波及的抛锚甲板，把自己绑在铁锚上，等待着死亡。

6月5日3点50分，南云忠一收到山本五十六关于击沉“赤城”号航空母舰的命令后，随即将命令转达给第4驱逐舰队队长有贺幸作。有贺幸作命令他的第4艘驱逐舰准备向“赤城”号航空母舰发射鱼雷。

拂晓前，海上大雾茫茫。“赤城”号航空母舰上的大火似乎已自行熄灭了。大雾中，“赤城”号航空母舰隐约可见，就像日本画家笔下的一幅水墨画。

此时，有贺幸作派出几个代表乘小艇去劝说青木泰二郎不要自尽。“赤城”号航空母舰领航主任三浦告诉青木泰二郎：航空母舰将由日本自己的鱼雷来击沉，而不是被敌人鱼雷击沉，所以它的舰长无须与它一起沉没。但青木泰二郎不听劝告。最后，有贺幸作亲自上舰，命令青木泰二郎离舰，青木泰二郎这才服从了。

5点整，3艘驱逐舰围上去，向“赤城”号航空母舰发射了3枚鱼雷。右舷一侧发生爆炸，“赤城”号航空母舰的舰首开始下沉。20分钟后，这艘航空母舰晃动着它那庞大的身躯，缓缓下沉，最后被海水淹没。

“赤城”号航空母舰消失了，海面上翻起巨大的泡沫。在这艘

燃烧中的“赤城”号航空母舰

航空母舰的最后一次战斗中，舰上人员共死亡 263 人。

麦克拉斯基的机群对“赤城”号航空母舰和“加贺”号航空母舰的攻击几乎是同时进行的。但“加贺”号航空母舰可没有像旗舰“赤城”号航空母舰那样挺得那么久。

正在“加贺”号航空母舰的舰员们努力控制舰上的火势时，一位不速之客悄悄地出现在“加贺”号航空母舰身边。这位不速之客便是美军的“舡鱼”号潜艇。

在离“加贺”号航空母舰几海里之外的蓝色海面上，“舡鱼”号潜艇的潜望镜留下了一道白色浪迹。布罗克曼跟踪潜望镜中的这艘航空母舰已近 3 个小时。在布罗克曼面前有 3 个可供选择的攻击目标，分别是受损的航空母舰和它的 2 艘护航军舰。那 2 艘护航军舰在航空母舰前方约 2 海里处。

布罗克曼经过一番思考，决定首先对付那个大家伙。布罗克曼

“舡鱼”号潜艇

谨慎地以潜望镜深度接敌，向航空母舰靠舰桥的右舷方向迂回，以寻机攻击。

14 点 10 分，布罗克曼进至距航空母舰 3100 米处。他从潜望镜中清楚地看到舰上燃烧的大火和忙乱的人员。已经进入最佳发射阵位了。随着布罗克曼一声令下，第一枚鱼雷飞驰出了发射管。几秒钟后，第二、第三枚鱼雷先后发射。

但实际上，只有一枚鱼雷径直朝“加贺”号航空母舰疾射过去，另外两枚鱼雷都脱靶了。

此时，这枚鱼雷疾驶中带着白色的浪迹直奔“加贺”号航空母舰而去，此枚鱼雷虽然击中了“加贺”号航空母舰的舰体，但没有爆炸。鱼雷的雷体断成了两截，它的弹头沉下水，后半截却像块巨大的软木浮出水面。

“舡鱼”号潜艇发射完 3 枚鱼雷后，立即被护卫“加贺”号航空母舰的日本“风”号驱逐舰抓住。舰长岩上次一熟练自如地指挥着自己的驱逐舰，用深水炸弹对“舡鱼”号潜艇实施攻击。

“舡鱼”号潜艇左逃右躲，全力进行规避。“风”号驱逐舰则紧紧咬住“舡鱼”号潜艇，连续不断地实施深水炸弹攻击。虽然深水炸弹没有直接命中“舡鱼”号潜艇，但有几颗炸弹在距离潜艇很近的位置爆炸，使潜艇里发生了几处小渗漏。

为了逃过水面舰的搜索，布罗克曼决定冒险，下令潜艇停下来潜伏。刚刚潜停下来，艇员们就听见潜艇的上方发出奇怪的响声，仿佛有人在艇身上拖一根链条似的。接着，甲板上传来两次重物撞击的响声。声呐操纵手报告说：指示器上到处显示有螺旋桨的响声。原来这时正是“风”号驱逐舰从它上方驶过。

经过一番较量，“魟鱼”号潜艇终于逃脱了“风”号驱逐舰的攻击。在“风”号驱逐舰追逐“魟鱼”号潜艇的同时，“加贺”号航空母舰上天谷孝久带领消防人员正在与不断蔓延的烈火继续搏斗着。但是，他们的努力越来越无济于事了。

易燃的油漆把大火带到全舰各部位，诱发了弹药库以及机库里散乱放置的炸弹、鱼雷的连锁大爆炸。剧烈的爆炸所产生的气浪，把人、物件，甚至舰上的钢板，都像干柴一样掀进大海。

“加贺”号航空母舰病员舱里，一位年轻少尉带着几名卫生兵在奋战。大火阻断了他们同舰上其他部位的联系。少尉命令一个卫生兵寻找通道，想办法把伤员转移到安全的地方。卫生兵找了一圈之后，向少尉汇报说，所有通道都被阻断。少尉说了声：“谢谢，你费心了。”随即无可奈何地把眼睛闭了起来。他准备以身效忠天皇了。

此时，一位老资格的士官跑过来，对少尉说：“我们不能束手待毙，可以从舷窗出去。”

士官的话提醒了少尉，他立即让卫生兵把伤员从舷窗往外推。此时，天花板已经着火，他们冒着烈火将伤员从舷窗推出，直到所有的伤员都脱险后他们才逃出。

舰上的大火越烧越大，时间越来越紧迫，到了天谷孝久决定是否弃舰的时候了。这是一个非常难作的决定。天谷孝久是一个飞行员出身的军官，对舰艇懂得不多。特别是对于这艘大型航空母舰的复杂操作技术更是一窍不通，更何况这又是一艘受了重创的航空母舰。

天谷孝久想到，富有实战经验的海军航空兵是宝贵的财富，他

"加贺"号沉没瞬间

们在以后的战争中的作用将比这艘受伤的航空母舰更大。在这种信念的支配下，他准备带着飞行员们离开“加贺”号航空母舰，重新战斗。

但是另一方面，天谷孝久也感到一股难堪的压力，这使他想到了自杀。因为处在当时境遇的人，都会选择自杀，自杀符合日本人的传统做法。不管天谷孝久是什么兵种，因为官阶最高，所以他担任了“加贺”号航空母舰的临时指挥，而作为“临时舰长”，他必须对“加贺”号航空母舰的命运负责。

在日本帝国海军中，当时仍保持着古代的传统：舰长与舰艇共

中途岛海战中，美军轰炸机对日本军舰进行轰炸

存亡。日本男人自儿童时就接受的教育使他们认为：日本人是神明所选中的，属于优等民族，比其他民族有教养。日本男人头脑中的这一自我形象是根深蒂固的。日本的宗教、法律及社会习俗都支持日本国民以自杀效忠天皇。

按照许多日本男子的想法，如果此时天谷孝久一死了之，他对“加贺”号航空母舰及其舰员、对自己的飞行员所负的责任就会一笔勾销，而且还能在靖国神社里占上一席之地，成为日本的守护神并受到天皇祭祀，他的全家也会因此得到荣誉，受到优待。

然而，天谷孝久却不这么认为。在“加贺”号航空母舰已无法挽救的情况下，天谷孝久命令飞行员和地勤人员尽可能离开这艘航空母舰。

16 点 40 分，天谷孝久下令弃舰后，自己也跳进海里，向一艘驱逐舰游去。

“魟鱼”号潜艇逃到安全海域后，并没有走远。大约 18 点，它再度升起潜望镜观察战场。布罗克曼看到，被击中的那艘航空母舰上浓烟滚滚，黑色烟柱高达 300 米，这一场面与珍珠港事件中“亚利桑那”号战列舰遭袭后起火燃烧的情形很相似。

此时，“加贺”号航空母舰上的人员已陆续从舰上下来。“加贺”号航空母舰也像美国“列克星敦”号航空母舰一样，惨不忍睹。19 点整，在两次剧烈爆炸的作用下，“加贺”号航空母舰似乎要跃出水面。接着，它开始下沉，但它的舰体暂时还保持着平稳。

19点25分，“加贺”号航空母舰完全沉没。

16分钟后，“魟鱼”号潜艇浮出水面，发现那艘航空母舰已经消失得无影无踪了。潜艇上的人误认为是他们击沉了“加贺”号航空母舰，个个兴高采烈，喜出望外。

“加贺”号航空母舰上的舰员共死亡800人，占全舰人员的三分之一。

★溃败的日军

突然，一道明亮夺目的爆炸闪光，照得“赤城”号航空母舰舰桥上的日本军官眼花缭乱。一支往上高蹿的火柱将他们掀翻在地。几乎同时，舰上火焰乱蹿，浓烟四起。

俯冲轰炸机投下一枚接一枚鱼雷，穿透“赤城”号航空母舰的飞行甲板，在舰体深处爆炸。舰上飞机及其炸弹和鱼雷，接二连三发生连锁爆炸。灭火人员东奔西跑，穷于应付。大火蔓延到胡乱堆放在甲板上的燃料和弹药，再度引起大爆炸，把飞行甲板大块大块地炸飞到空中。舰桥像在暴风雨中的树梢那样猛烈摇晃。

几秒钟内，炽烈的大火从舱内腾起，四下蔓延，吞没了飞行甲板上的飞机。船尾的舵机也失灵了。这艘几分钟前还威风凛凛的大型航空母舰，如今在大海上绝望地颠簸摇晃，把燃烧的飞机从甲板上抛进沸腾的大海。

面对这突如其来的灭顶之灾，舰桥上的南云忠一呆若木鸡。火舌已经舔着舰桥上的玻璃窗。草鹿龙之介朝南云忠一喊道："咱们得撤离啦！"但是南云忠一拒绝离开。

好多燃烧着的汽油流向下层甲板，放在机库内的鱼雷也开始爆炸了。一团团火球从舰身两侧喷射出来。南云忠一仍然不肯离开舰桥。

"赤城"号航空母舰舰长青木泰二郎大佐朝南云忠一喊道："这艘舰由我负责，你和你的人员留在这里毫无用处，请转移到另一艘舰上去吧！"草鹿龙之介也劝南云忠一说：他是整个突击舰队的司令，而不是某一艘舰的舰长。

当南云忠一被说服同意离开时，整个舰桥几乎都被大火围住了。"把玻璃打碎！"草鹿龙之介大声喊道。打碎玻璃后，他们垂下两条绳子，草鹿龙之介先把南云忠一推出来，这位身材矮小的将军滑了下去，落到比舰桥低 14 米的飞行甲板上，草鹿龙之介跟在后面。

短短的 6 分钟内，"赤城"号航空母舰被彻底炸毁了。

4. 疯狂地报复

就在麦克拉斯基率队向南云忠一舰队发动进攻时，从"约克城"号航空母舰上起飞的 17 架俯冲轰炸机，由霍姆伯格率领，正飞行在距离日本舰队东南方约 10 公里处。

霍姆伯格看见天际黑烟冲天，便朝西北方向飞去。透过云层，他瞥见了“飞龙”号航空母舰和“苍龙”号航空母舰。他立即下令全队进攻，从4500米的高空向“苍龙”号航空母舰猛冲下去。

“苍龙”号航空母舰的命运，同样也是那么悲惨。“加贺”号航空母舰中弹时，“苍龙”号航空母舰的舱面人员正忙于做起飞准备工作。当他们看到“加贺”号航空母舰发生爆炸并燃起大火时，知道“加贺”号航空母舰遭到厄运，舰员们本能地望着天空。

突然，他们看到13架美军俯冲轰炸机朝“苍龙”号航空母舰直冲下来。来者是从“约克城”号航空母舰上起飞的霍姆伯格所率领的编队。

只在短短的几分钟内，“苍龙”号航空母舰就接连命中3颗炸弹。头一颗炸弹命中舰前部升降机附近的飞行甲板，后两颗炸弹击中了舰身中部升降机，完全炸毁了甲板。烈火迅速燃烧到油库和弹药库。

6月4日10点30分，“苍龙”号航空母舰完全被浓烟大火笼罩。熊熊大火烧得噼啪作响。这时，舰长柳本柳作站在舰桥右侧的信号台上，大声发号施令，督促舰员们灭火和抢救伤员。

甲板下的温度极高，烫得像地狱，机库甲板的门被烧得熔化卷曲起来，活着的人都逃上了甲板。锚机甲板成了临时医院，医生和卫生兵们一个个像机器人一样都板着面孔。他们在呛人的烟雾中给重伤号打止痛针，尽其所能地给他们包扎、止血。他们将实在没救

美军航拍“赤城”号、“加贺”号、“苍龙”号航空母舰中弹时的场景

的搁在一边，首先抢救尚有生存希望的伤员。

由于炸弹的直接破坏和大火诱发的连续爆炸，“苍龙”号航空母舰的主机停止了运转，舵轮系统也无法操纵，消防管路全被炸毁。平日里还很神气的“苍龙”号航空母舰，在短短30分钟时间内就成了一座“焚尸炉”。

10点45分，柳本柳作不得不命令弃舰，大部分人开始有秩序地向“滨风”号驱逐舰和“矶风”号驱逐舰上转移。为了躲避灼人的火焰，有不少人跳到了海里，跳下去的人，有些被“滨风”号驱逐舰和“矶风”号驱逐舰救起，有的则被活活淹死。

在舰员们都离舰后，柳本柳作自己留在了燃烧着大火的航空母舰舰桥上。

19点13分，“苍龙”号航空母舰幸存的舰员们在近旁的几艘驱逐舰上看着“苍龙”号航空母舰最后在海面上消失。和军舰一齐沉没的还有舰长，一共死亡718人。

美国飞机的袭击于10点30分结束。

前后短短的几分钟，南云忠一舰队中的4艘主力航空母舰，已经有3艘被炸毁。它们之前还是那么的威风凛凛，可转瞬间

返回“企业”号的美军轰炸机，水平尾翼被打坏，机身有明显的中弹痕迹

就变成了烈火熊熊的庞大残骸，这些航空母舰最终沉入了波光粼粼的太平洋。而这一海战史上最大的悲剧，是由短时间内的致命一击所铸成的。

“赤城”号航空母舰丧失旗舰的指挥能力后，第 8 巡洋舰战队司令阿部平次郎在他自己的旗舰“利根”号重巡洋舰上临时担任对南云忠一部队的指挥。与此同时，第 2 航空战队司令山口多闻接替了对空中作战的指挥，这主要因为山口多闻的旗舰“飞龙”号航空母舰，是唯一没有受到损伤的航空母舰。

10 点 40 分，由 18 架俯冲轰炸机和 6 架“零”式战斗机组成的攻击队，在“飞龙”号航空母舰上起飞。18 架俯冲轰炸机平均分成两个组，分别由小林道雄和山下途二率领。6 架“零”式战斗机中一马当先的是重松康弘。

在这支攻击部队中，轰炸机所占的比例太大，这种头重脚轻的阵式是山口多闻在匆忙中拼凑起来的。由于友永丈市的第一波飞机还要准备对中途岛进行第二次攻击，所以山口多闻一时派不出更多的飞机，也不能组成水平轰炸机与俯冲轰炸机机种配组恰当的攻击部队。

11 点整，阿部平次郎电令“筑摩”号重巡洋舰上的 3 号和 4 号侦察机：“报告敌军航空母舰位置，为攻击部队带路。”10 分钟后，“筑摩”号重巡洋舰上的 5 号侦察机报告说：“敌人位于方位 70°，距我方舰队 90 海里。”

山口多闻等到11点半，见还没有新情况报来，就不耐烦地发信号给阿部平次郎：“请派出水上侦察机。应采取有效措施，掌握敌方航空母舰的行踪。”此时在作战指挥关系上，山口多闻是阿部平次郎的下级。而山口多闻的措辞俨然是发号施令者的口气，这是他迫不及待、野心勃勃的表现。

小林道雄带着他的攻击队升空后，从4000米高度向美军舰队飞去。小林道雄在空中一边飞行，一边认真搜索。不久，他发现几架美国舰载机正在返航，便示意他的飞行员悄悄跟在美国飞机的后面。

当小林道雄的机群发现美国舰队时，“约克城”号航空母舰的雷达也发现了日方的一个机群在45海里外正从方位250°飞来。“约克城”号航空母舰随即发出信号，要各支援舰艇组成扇形编队，以对付敌人空袭。

“阿斯托利亚”号巡洋舰和“波特兰”号巡洋舰加速到30多节，分别驶至旗舰“约克城”号航空母舰舰首两侧，驱逐舰也在外围布阵防御。战斗机代理指挥员佩德森把他的12架“野猫”式战斗机送上天空，同时向第16特混舰队的战斗机指挥官斯普鲁恩斯请求增援。斯普鲁恩斯立即从自己的16架战斗巡逻机中派出6架前往支援。

日本飞机编队大约还在20海里外时，美国飞机就迎面扑了上去。随之而发生的是性能优越的“零”式战斗机和数量上占优势的

“野猫”式战斗机之间的一场空战。双方的战机一边格斗，一边接近“约克城”号航空母舰。

布拉斯菲尔德所带领的6架“野猫”式在激战至“约克城”号航空母舰上空时，就只剩下了他自己的一架。日本有6架俯冲轰炸机突破了美军战斗机的防线，投下了3枚225公斤的炸弹。

此时，站在航空母舰舰桥上的弗莱彻望着飞近的日本飞机已经是无能为力了。

“约克城”号航空母舰的炮手们现在担起了自卫的责任。日军俯冲轰炸机以单机呈曲线逼近，这使炮手们颇难对付。等日本飞机开始俯冲后，美军炮手们开始猛烈开火。

“约克城”号航空母舰的右舷一侧的机关炮一齐对准一架尖啸着俯冲下来的日军轰炸机开火，那架日本飞机至少被截成3段，掉

美国海军“波特兰”号巡洋舰

进航空母舰右舷后部不远的海里。但飞机上的炸弹已经投了下来。

这颗炮弹击中“约克城”号航空母舰上离4号炮座不到6米、离舰舷约5米的地方，炸死17人，炸伤18人。没有受伤的人迅速接替伤亡人员，继续射击，不过火力已大大地减弱。1颗炸弹把“约克城”号航空母舰飞行甲板中部炸出了一个直径3米多的大洞，造成机库里的3架飞机起火。其中，2架是“企业”号航空母舰上的受损坏的飞机，另1架是“约克城”号航空母舰的飞机。

“约克城”号航空母舰上的这架飞机不仅加满了汽油，而且装上了一颗453公斤的炸弹，情况十分危险。这时，负责机库的军官埃默森立即打开消防喷水装置，很快将火扑灭，解除了危机。

日军轰炸机刚刚俯冲投弹完毕，就被准确的炮火打得粉碎。紧接着，又有一个日本飞机小组从左侧冲下来，其中一架飞机投下一颗装有延时爆炸引信的炸弹。这颗炸弹在飞行甲板上轰隆隆地直往前冲，它穿过副舰长办公室，又闯进飞行员的待机室，最后在航空母舰巨大的心脏——烟囱里爆炸。爆炸的冲击波使锅炉熄火，还把1号、2号和3号锅炉的升烟道也被全部炸毁。

航空母舰航速立刻降到只有6节左右。不到20分钟，“约克城”号航空母舰就纹丝不动了。

与此同时，第3颗，也是最后一颗命中的炸弹落在1号升降机井里，在舰舱下第4层甲板上爆炸，造成前汽油库和弹药舱隔壁堆放破布的舱内起火。如果火势蔓延到附近的易燃物品上，就会使

被击中起火的“约克城”号航空母舰

“约克城”号航空母舰起火爆炸飞上天。

负责控制损失的军官奥尔德里奇立即率消防人员灭火。他们奋勇拼搏，硬是靠水龙头和消防斧把破布舱内的火势压了下去。木工们扛着沉重的木料，飞快地赶到飞行甲板上，凭他们的熟练技术和坚定的决心，只用了 25 分钟的时间就修复了甲板。

在负责轮机的德拉尼指挥下，轮机兵和锅炉工创造了奇迹。武器技士克兰史密斯和 1 号锅炉的人员冒着令人窒息的炽热、呛人的烟雾以及随时都可能被炸得粉身碎骨的危险，迅速地烧出了足够的蒸汽，启动了辅助动力系统。

第 3 颗炸弹爆炸的 1 小时 10 分钟之后，“约克城”号航空母舰降下故障旗，升起“航速 5 节”的信号旗。这时，护航舰只将“约克城”号航空母舰团团围住，每艘舰上的官兵都爆发出兴奋与亲切地欢呼声。

由于损控人员行动迅速，落在舰上的3颗炸弹才没有给“约克城”号航空母舰造成严重损失。经过两个多小时的奋力抢修，“约克城”号航空母舰又奇迹般地成为一艘具有一定战斗能力的航空母舰了。

随着抢修工作的继续进行，蒸汽压力不断上升，“约克城”号航空母舰的航速也逐渐增加。14点37分，它的速度达到了19节。此时，巴克马斯特舰长重新升起一面新的星条旗，以表示美军傲然不屈的意志。巴克马斯特舰长的水兵们的英勇行动博得了大家的欢呼，他们使第17特遣舰队完全恢复了空袭能力。

抢修紧张进行时，弗莱彻决定把帅旗移至“阿斯托利亚”号巡洋舰上。虽然“约克城”号航空母舰一时还没有危险，但它作为旗舰已经不合适了。弗莱彻的这项决定十分明智。

13点13分，弗莱彻的参谋人员开始从右舷攀绳而下，登上“阿斯托利亚”号巡洋舰的机动救生艇。11分钟后，弗莱彻上了“阿斯托利亚”号巡洋舰，他将在那里继续指挥美军舰队作战。

在这次对“约克城”号航空母舰的攻击中，包括小林道雄的飞机在内，日军一共损失了3架战斗机和13架俯冲轰炸机。返航的5名轰炸机飞行员带回一些零星的报告，他们所说的情况很不完整，也很不一致。

南云忠一不可能知道他的失败有多么惨重。南云忠一在“约克

美国海军“阿斯托利亚”号巡洋舰

城”号航空母舰西南 173 海里的海面上，把 3 艘着火的航空母舰丢给驱逐舰看管之后，正在率领一个遭到打击的攻击舰队向北行驶。南云忠一在损失了 3 艘航空母舰之后，“飞龙”号航空母舰上的报告称他们的第一次袭击成功了，肯定击沉了 1 艘美国航空母舰。

根据飞行员的报告，山口多闻断定，这艘航空母舰至少中了两颗 225 公斤炸弹，所受重伤足以致命。日军并不知道，“约克城”号航空母舰很快又以 19 节的航速行驶了。

因此，南云忠一相信美国只剩下 1 艘航空母舰，他仍然抱着免遭惨败的希望。这个希望在 13 点以后宣告破灭。

在美国飞机第一次袭击之前，日军派去全面侦察中途岛附近海面上美国部队的那架飞机飞回来了。由于无线电已坏，这架飞机没有完成侦察任务，飞行员返回时发现“飞龙”号航空母舰一团大火，他带着不幸的消息降落在“飞龙”号航空母舰上。

日本飞行员说：“至少看到了两艘美国航空母舰。”正在庆幸自己解脱了敌人威胁的山口多闻，听到这个消息后大吃一惊。

★山口多闻的决心

山口多闻不但是一个狂热的军国主义者，还是一位头脑清晰而又能当机立断的指挥官，虽然败局已定，但只要还有一点战斗力量，他就决心继续打下去。10点50分，阿部平次郎向山口发出命令：“攻击美航空母舰！”

山口多闻随即打信号回答：“我们的全部飞机将立即起飞，前去消灭敌航空母舰。”自命不凡的山口多闻对于眼下的危机局面有自己的打算，他认为这正是他大显身手的好时机。

“赤城”号航空母舰、“加贺”号航空母舰和“苍龙”号航空母舰所遭到的不幸，使第2航空战队的参谋们惊恐不已。但是，山口多闻表现得非常镇定。他说：“现在只剩下我们‘飞龙’号航空母舰了。我们就是搭上性命，也要消灭敌人。”

坚守在甲板下各战位上的水兵们没有看见海面上的战斗场面，山口多闻通过舰内通话系统把其他3艘航空母舰均遭重创的情况，向他们做了说明。山口多闻在广播喇叭中大声说：“现在就要靠‘飞龙’号航空母舰拼死一战，为大日本增光了。”

第五章 无法挽回的败局

★友永丈市性格孤僻，从不向人吐露内心的秘密。他认为，是他“需要再度袭击中途岛”的建议间接地造成了灾难性的后果，自己要负责任。他决心效忠天皇和帝国，以死弥补自己的过失。不仅仅友永丈市一个人准备赴死，还有驾驶员也表示要用飞机撞击美军的军舰。

★当驱逐舰中队司令爱德华·P·索尔看着这艘巨型航空母舰已无可救药时，才让各驱逐舰围聚在它四周，给它举行了一个告别仪式。

★在绚丽的晨曦中，“约克城”号航空母舰下沉的速度越来越快。美军的驱逐舰列队就位，注视着它沉入大海。它沉没时，各舰下半旗，全体人员脱帽肃立。

★遵照山口多闻的最后指示，阿部平次郎下令击沉“飞龙”号航空母舰。5 点 10 分，“风云”号航空母舰和“夕云”号驱逐舰向“飞龙”号驱逐舰发射了鱼雷。在一阵震耳欲聋的爆炸声后，这艘庞大的航空母舰开始下沉。

1. 疯狂的袭击

当南云忠一的突击舰队只剩下“飞龙”号1艘航空母舰时，日本将反击的最后希望，寄托在了该舰舰长山口多闻身上。

舰上飞行员听到舰长山口多闻的训示时，不禁大吃一惊。山口多闻舰长告诉他们说:“你们已是突击舰队的最后一批飞行员了。”

这些飞行员们很难相信，几分钟之前，他们对美国舰队的寻歼还是胜券在握。可是转眼之间，却变成要同优势之敌决一死战，为已覆灭的3艘航空母舰报仇。

6月4日上午10点40分，日本的18架俯冲轰炸机，在6架“零”式战斗机的护航下，从“飞龙”号航空母舰上起飞，前去搜索攻击美国航空母舰。单靠他们自己的力量本来是找不到的，是莱斯利率领的返航机群成了他们的“向导”。这些轰炸机无意中把日本飞机带回了弗莱彻的旗舰——“约克城”号航空母舰。

在高空盘旋的美国“野猫”式战斗机，居高临下，冲入日本机群进行阻击，一举击落敌机6架。其余的日本轰炸机迅速向下低飞，进行俯冲轰炸。虽然有更多的日本飞机被炮火击毁，但还是有3颗炸弹命中“约克城”号航空母舰。炸弹在巨舰体内爆炸，美军人员死伤无数。

日本“飞龙”号航空母舰

当日本飞机消失之后，海面上一片沉寂，留下13架俯冲轰炸机和3架“零”式战斗机的残骸。

返航的日本机群立即向山口多闻报告：命中“约克城”号航空母舰，敌军航空母舰爆炸起火。

但是靠着“约克城”号航空母舰上人员的奋力抢救，舰上的火势被扑灭了，航空母舰不仅能低速航行，而且飞行甲板上的飞机还能继续起飞。

可是好景不长，不久，又有10架日本鱼雷攻击机在6架“零”式战斗机的护航下，掠海飞来。这是从“飞龙”号航空母舰上起飞的第二批突击机群。他们把已经不再冒烟的“约克城”号航空母舰当作了美军的其他航空母舰，对它再度发起攻击。

在最初发现美国航空母舰时，南云忠一即命令“苍龙”号航空母舰派出新式高速侦察机与美军保持接触，查明美军兵力情况。这架飞机起飞后，一直没有发回报告。当该机返航时，发现“苍龙”

号航空母舰已经中弹起火，因此改在“飞龙”号航空母舰的甲板上降落。

飞机降落后，飞行员被唤到山口多闻跟前。他向山口多闻解释说:“发报机发生了故障，没能及时报告，所以我急忙返回来报告，敌军舰队中有‘企业’号航空母舰、‘大黄蜂’号航空母舰和‘约克城’号航空母舰!”

这个消息令山口多闻感到十分震惊。现在，“飞龙”号航空母舰单独面对着3艘美国第一流的航空母舰，其中仅有1艘受了伤。

山口多闻很快决定用现有的全部飞机发动第二次攻击。在“飞龙”号航空母舰的舰桥上，山口多闻和加来止男舰长给即将执行第二次攻击任务的友永丈市、桥本敏郎和森茂作最后指示。

山口多闻

因为山口多闻接到的情报相互矛盾，所以他无法做出正确的指挥决策。他只好命令攻击机队立即起飞。

12点45分，10架水平轰炸机和6架“零”式战斗机依次从“飞龙”号航空母舰上起飞。山口多闻和其他人一动不动地望着飞机离舰升空。他们都知道，这批飞机中的每一个飞行员，都将一去不复返。当然，每个飞行员都清楚自己的命运。在场的每一个人都绷着脸默默地站在那里，他们深为战争的残酷感到沉痛。飞机一架接着一架地飞离了飞行甲板。

机队起飞后，在空中飞行将近2小时一直没有发现目标。当友永丈市正有些着急时，突然看到在飞机的右下方有一群美军舰艇，中间有1艘航空母舰。这正是那艘身负重伤的“约克城”号航空母舰，但友永丈市以为它是“企业”号航空母舰，立即命令发起攻击。

“约克城”号航空母舰的加油系统正在给飞机加油。高度警惕的雷达突然发现33海里之外有一批日本飞机正在接近，立即停止给战斗机加油，以免被击中后引起燃烧。同时，立即派出6架战斗机前往迎敌。

此时在“约克城”号航空母舰上还有10架战斗机。其中8架战斗机的油箱里尚有87升的油料，这些油料用于局部作战绰绰有余。因此，这8架飞机马上起飞前去助战。与此同时，第16特混舰队也派出一些战斗机赶来支援。

美军的“野猫”式战斗机在飞出将近15海里后截住了日本飞机，随之发生了激烈的空战。日本的6架“零”式战斗机中，有3架很快就被在数量上占优势的F4F-4战斗机击落。美军重巡洋舰上的高射炮，对着日军轰炸机前方的空域全速射击。

由于美军战斗机的拦截和高炮的阻挡，进入目标领域的日军水平轰炸机只有8架。

美军起飞了12架战斗机迎战，日本飞机虽被击落5架鱼雷机和3架战斗机，但日本飞机仍将刚刚修好的“约克城”号航空母舰又击成重伤，该舰丧失全部动力、照明、通讯，并向左剧烈倾斜。

此时弗莱彻已经转移到“阿斯托里亚”号巡洋舰，他考虑到只有在航空母舰上才能根据飞行员的报告及时掌握战况，也只有在航空母舰上指挥比较合适，便将指挥权移交给斯普鲁恩斯。

14点32分，友永丈市电令众机：“进入战位，准备攻击。”两分钟后他下令：“全体攻击！”

攻击飞机当即分成两组，友永丈市居右，桥本敏郎居左。在距“约克城”号航空母舰约500米远时，桥本从15米高处、与美舰成正横向位置上投下鱼雷。

此时，天空中布满了对空射击爆炸后的碎弹片，看上去好像在下一场黑雪。

随着日军开始投弹，海面上立即出现了一条条长长的鱼雷航迹。“约克城”号航空母舰全速规避着鱼雷攻击，舰上巨大的飞行甲板一会向右倾斜，一会向左倾斜，成功地规避了两枚鱼雷的攻击。然而，终于还是有两枚鱼雷命中了“约克城”号航空母舰。

14点43分，日本飞机投下的第一枚鱼雷击中“约克城”号航空母舰的左舷中部。几乎在同一时间，第二枚鱼雷也击中该舰，弹

F4F-4 战斗机

着点比第一枚鱼雷击中的位置略靠前。左舷燃油舱被炸坏，3 个锅炉舱和前发电机房进水，造成停电。操纵台发生故障，备用发电机无法进行输电。舰舵也出现故障，致使航空母舰无法动弹，并向左舷倾斜 17° 。

“约克城”号航空母舰仍在继续倾斜。在被第一枚鱼雷击中后大约 10 分钟，它的倾斜度已达到 26° ，人已经难以在舰上站立。左舷飞行甲板的边缘几乎已接触到海面。

此时，“约克城”号航空母舰的倾斜已无法修正。由于停电，照明和舰内通话几乎全部瘫痪，舰上各部位间的联系几乎完全中断。被炸坏的燃油舱流出的油向倾斜的航空母舰各个部位蔓延，形成一层薄薄的、十分危险的油膜，点点火星就能酿成席卷全舰的大火。舰上只剩下 6 架飞机。

作为一艘航空母舰，“约克城”号航空母舰已经基本丧失了战斗力。此时，舰上的人员是可以剩下的唯一财富。舰长巴克马斯特与副舰长等人共同研究后，勉强做出了弃舰决定。

14 点 55 分，舰长下令升起蓝白色信号旗，表示“弃舰”。撤离工作进行得从容不迫、井然有序。

因为甲板上很滑，舰身又严重倾斜，所以从“约克城”号航空母舰上把伤员抬下来极为困难。救援人员只好把担架放在甲板上拖着伤员，或者用肩背、用手抱。想尽各种办法把伤员们从舰上轻轻地吊了下去。其他舰艇上参加救援的人纷纷跳进海里，帮助不会游泳的人脱离险境。

在“阿斯托利亚”号巡洋舰的舰桥上，弗莱彻焦躁不安地观察着这次撤离，他觉得撤离工作进行得太慢。弗莱彻后来说：“当时，我都急坏了，觉得巴克马斯特做出弃舰的决定已经太晚了。”弗莱彻主要是担心一旦舰上起火或发生爆炸，将导致大量人员伤亡。

巴克马斯特监督着撤离工作，直到他确认撤离基本完成，才离开指挥位置，把全舰上下最后检查一遍。舰长沿着倾斜的舰右边艰难地向前走，他在舰上转了一大圈儿，当看到活着的人已全部撤离后，默默地与这支舰告别。他是最后一个离开了“约克城”号航空母舰的人。

终于，撤离工作全部完成了，“约克城”号航空母舰上面已空无一人。但是，美军仍然留下了守卫这艘空舰的舰艇，他们希望能将这艘受重伤的航空母舰拖回港口。

受伤的“约克城”号航空母舰依然在海上漂浮，美军曾一度想放弃它，但该航空母舰一直没有沉没。于是美军又打算继续进行抢救，先由“捕蝇鸟”号扫雷舰拖拽，但拖拽的军舰太小，力不从心，后又加派5艘驱逐舰前去支援。其中的“哈曼”号驱逐舰靠上其右舷，把接管人员送上航空母舰，并为其提供灭火和排水所需的动力，其余4艘舰则在四周担任警戒。

在对“约克城”号航空母舰进行第二次攻击中，日本飞机只有4架水平轰炸机和3架战斗机返航，其余均被击落。正如原来预料到的，友永丈市的飞机没有返航。桥本敏郎在另一架飞机上亲眼看到了这位飞行队长殉职。

“友永丈市的飞机，由于机尾是黄色的，所以当他冲进我从来没有见过的、如此猛烈的高射炮火时，机尾是那么显眼。他投了鱼雷，过了一会儿，他的飞机就被打碎了。在那样猛烈的防空火力面前，冲上去对航空母舰实施攻击，就等于自杀。”桥本敏郎在后来这样说道。

这样，美国方面只剩下斯普鲁恩斯指挥的两艘航空母舰可以继续作战了。

★日军准备死拼

与第一波攻击的机队相比，日军眼下出征的机队就逊色多了。10架水平轰炸机分成两个组，分别由友永丈市和桥本敏郎率领。随轰炸机出发的6架“零”式战斗机由森茂率领。而6架战斗机中，4架战斗机原是“飞龙”号航空母舰上的，2架战斗机来自起火燃烧的“加贺”号航空母舰。

友永丈市的飞机左机翼油箱在空袭中途岛时被击穿后，还没来得及修理，只能往右油箱中加油。很明显，由于飞机的航程大大缩短，如果他驾驶这架飞机出击，其结果只能是有去无回。

美国海军“哈曼”号驱逐舰

“没关系，不必担心，左油箱让它去吧，把另一个油箱加满就行了！”友永丈市微笑地说。友永丈市性格孤僻，从不向人吐露内心的秘密。他认为，是他“需要再度袭击中途岛”的建议间接造成了灾难性的后果，自己要负责任。他决心效忠天皇和帝国，以死弥补自己的过失。不仅仅友永丈市一个人准备赴死，还有驾驶员也表示要用飞机撞击美军的军舰。

2. 日军偷袭成功

6月5日清晨，日本“伊－168”潜艇艇长田边弥八收到一份来自联合舰队司令和第6舰队司令的特急电：“我军空袭使敌军一艘‘企业’级大型航空母舰遭重创，现正漂浮在中途岛东北方向150海里的洋面上。令‘伊－168’潜艇火速追踪，将其击沉。”

这项命令给了田边弥八一次求之不得的机会，他立即把刚收到的命令传达到艇上全体官兵。

田边弥八在军官室召集参谋人员，指示他们拿出一份详细的攻击方案。随后，他自己返回驾驶台，坐在小板凳上，认真地考虑着他是否能发现并捕捉到这艘航空母舰，以及如何才能击沉它等一系列问题。

田边弥八估计，在受损的航空母舰四周，一定有严密的警戒。

航空母舰四周不仅会有驱逐舰护卫，而且还会有飞机在空中巡逻。因此，他可能无法靠近袭击。

田边弥八两眼凹陷，目光深沉，身材瘦削，举止优雅。他在驾驶台连续坐了几个小时，考虑解决问题的办法。田边弥八反复思考着如何才能在最有利的时间发现和攻击目标。他认为，如果能在拂晓时找到那艘航空母舰是最为有利的。

当时，日本潜艇上还没有装备雷达，田边弥八所依靠的就是自己的目力以及他那副性能良好的 12 厘米双筒望远镜。为了能看清猎物，田边弥八需要一点亮光，但为了不使自己的潜艇被发现，天又不能太亮。因此，拂晓是接近美国军舰的最佳时机。田边弥八乘朦胧夜色，把潜艇浮出水面，以 16 节的航速在水面上朝着目标航行。

田边弥八指挥的“伊 –168”号潜艇

在潜艇上，一名监视哨兵用望远镜警惕地观察着东方的海面。

4 点 10 分，监视哨兵突然大喊："右舷前方发现一个黑点！"田边弥八立即来到哨位上亲自观察。他透过望远镜凝视着逐渐变得明亮起来的天边，心里十分喜悦。

日军所谓的"猎物"就在大约 20000 米开外，而且发现它的时机和它所处的位置对潜艇的攻击十分有利。

潜艇迎着西南方冉冉升起的旭日航行，艇员们可以清楚地看见"约克城"号航空母舰。只要田边弥八不暴露自己，美军要发现位于夜色尚未退尽方向的潜艇是有困难的。田边弥八立即命令把航速从 16 节减到 12 节，以减弱潜艇航行时激起的浪花。

大约在 6 点左右，田边弥八看见有两艘美军的驱逐舰正在严密地守护着航空母舰。于是，他命令潜艇下潜，仅以 3 节的航速悄然向前行驶。距离越来越近了。田边弥八数了数，共有 6 艘军舰和 1 艘扫雷艇，在离"约克城"号航空母舰约 1000 米处成两列环绕。

田边弥八知道，由于敌人担任掩护的驱逐舰数量众多，加之海面平静，潜望镜很容易被发现。于是他命令收起潜望镜，通过听声音在水下航行。

一开始，田边弥八每隔 10 分钟升起一次潜望镜观察海面，后来改为大约每隔 1 小时才升起一次潜望镜。当接近至目标约 1.5 万米时，田边弥八再次冒险升起潜望镜观察。他从潜望镜中观察到，美军驱逐舰高度戒备着。而且田边弥八从噪声中可以判断出，美军使用了声呐。

“准备对付敌人，用深水炸弹攻击！”田边弥八下达了战斗指令。

艇员们立即执行指令，做好准备后开始静静地等待。这时，东风徐起，吹起了层层细浪。这对“伊－168”潜艇的隐蔽接近是非常有利的。

田边弥八本来打算从“约克城”号航空母舰的左侧实施攻击，但由于该航空母舰的运动，田边弥八又决定从航空母舰的右舷进行攻击，并相应地变动了潜艇的位置。但经过几次变换，攻击的位置都不理想。此时，美国的几艘驱逐舰不断从“伊－168”号潜艇上方开过，田边弥八更加提心吊胆。潜艇的乘员也都听到了美国人声呐装置发出的噪音。

9点37分，田边弥八又一次升起了潜望镜。潜望镜呈现出来的景象使他吃了一惊。因为“约克城”号航空母舰的庞大身躯就像一座山一样，矗立在他面前，连舰上美国官兵的一个个面孔他都看得清清楚楚。

他已经深入到美军驱逐舰的警戒圈以内了。田边弥八急忙收起潜望镜。此时，田边弥八最担心的是美国的驱逐舰警戒圈。他知道，面临敌人如此高度的戒备，自己的攻击机会将只有一次，他必须先发制人。

为了确保首发命中，田边弥八再次穿过两道驱逐舰警戒线，把潜艇与目标的距离增加一倍。

“约克城”号航空母舰与护航的“哈曼”号驱逐舰遭到日本潜艇“伊－168”号潜艇的鱼雷攻击

正当田边弥八小心翼翼地向攻击距离运动时，他突然发现美国声呐的探测声完全消失。这个出乎意料的空子给了田边弥八一次机会。他再度冒险升起潜望镜观察，发现自己在距“约克城”号航空母舰900米最理想的距离上。而且，航空母舰正朝着他转身。

这样，田边弥八正好面对舰体中部，“约克城”号航空母舰的整个侧面恰在他的瞄准器中央。他在瞄准器中还捕捉到一艘驱逐舰，但他认为这艘敌舰构不成障碍。

“伊 –168”潜艇有 8 个鱼雷发射管，艇首有 4 个，艇尾也有 4 个。田边弥八知道，他只能靠发射艇首的几枚鱼雷，因为来不及掉转潜艇，进入尾部发射的阵位。所以他决心每发必中。

10 点 05 分，田边弥八高声下达了发射的命令。2 枚鱼雷首先飞速射出。2 秒钟后，“伊 –168”潜艇向同一方向又射出 2 枚鱼雷。

在“伊 –168”潜艇接近“约克城”号航空母舰过程中，“约克城”号航空母舰也似乎正在逐步恢复元气。

整个上午，巴克马斯特率领着抢险人员在航空母舰上奋战，“汉曼”号驱逐舰给他们提供必要的动力。10 点 05 分，巴克马斯特正在忙碌着，突然发现风平浪静的海面上出现了 4 道鱼雷航迹，他大声叫道:“鱼雷！”

在“汉曼”号驱逐舰沉没前，特鲁舰长让人把几名因休克而暂时失去战斗力的人从舷边放下去，并把救生衣给了他们。在舰尾即将沉没时，他自己连救生衣也没穿就跳进了海里。后来，特鲁被“巴尔奇”号驱逐舰救起。

在田边弥八的第四枚鱼雷射出的瞬间，潜艇已下潜到它所能安全下潜的最大深度。接着田边弥八驾艇直接朝“约克城”号航空母舰驶去。时间一秒一秒地过去，田边弥八和艇上其他人都在等候爆炸的声响。发射鱼雷后 40 秒钟左右，潜艇剧烈震动了一下，接着是第二次、第三次震动。

田边弥八知道，对于艇上的人来说，战斗才刚刚开始。一艘潜艇潜近猎物要比从它身边逃脱容易得多。鱼雷发射出去还不到 5 分钟，美军的深水炸弹就投下来了。但田边弥八觉得美军驱逐舰似乎在盲目地乱投。所以“伊 –168”潜艇起初的一个小时的日子还比较好过。

一个小时后，一艘美军驱逐舰从“伊 –168”潜艇上方自右至左直接驶过，投下两颗深水炸弹。随后，又接连有驱逐舰从潜艇上方驶过和投弹。不过，总起来讲“伊 –168”潜艇还算幸运，它已成功地避开了 60 颗深水炸弹。

但是不久，令田边弥八担心的事情终于发生了。突然，“伊 –168”潜艇就像一匹野马似的跳了起来，艇员们头顶上方的油漆开始一块块地剥落，照明系统发生故障，艇内一片漆黑。原来，他们的前鱼雷发射舱和后转向舵机舱进水，蓄电池受到损坏。接二连三地落下的深水炸弹，使潜艇不断摇晃。由于没有电，潜艇动弹不得，水平舵和垂直舵失灵。

田边弥八知道，潜艇在水下无论如何也坚持不了两小时，因为气压只剩下 40 千克，空气几乎无法呼吸。紧急照明也熄灭了，水兵们在昏暗的手提灯光下工作。大约在 13 点 40 分，“伊 –168”潜艇的艇首开始上翘了 30°。

此时，田边弥八不得已做出了最后的决定：听天由命，任其上浮，在海面上进行最后一次战斗。田边弥八下令：“炮和机枪作好射击准备，迅速上浮射击。”

舱口盖刚冒出水面，田边弥八就纵身一跃跳上舰桥。他惊讶地发现，附近海面空空如也。他朝远处望去，只见大约在 1 万米以外有 3 艘美国驱逐舰。特别使田边弥八感到兴奋的是，那艘航空母舰不见了，他于是断定“约克城”号航空母舰确已被击沉。

而实际上，“约克城”号航空母舰此时此刻仍在海上漂着。当“伊 –168”潜艇发射的鱼雷命中“约克城”号航空母舰后，反而使它的倾斜减到 17°，而且巴克马斯特还希望再继续进行抢救。

“伊 –168”潜艇的攻击使巴克马斯特的许多努力白费了。美国驱逐舰正在全力营救幸存者，打捞死尸，搜寻“伊 –168”潜艇。巴克马斯特决定在天亮之前暂不采取任何行动，等舰队的“纳瓦霍”号拖驳船到来。于是他和抢险队离开了航空母舰，上了“巴尔奇”号驱逐舰。

田边弥八没有高兴多久，他很快又看见那 3 艘驱逐舰正折头朝他开来。田边弥八想在潜艇全速航行时给蓄电池充电，但他马上意识到，“伊 –168”潜艇的水面航速和追击他的驱逐舰是不可相提并论的。他感到这一次很难脱险了。

田边弥八命令通联官给联合舰队发报说：“我们击沉了‘约克城’号航空母舰，现将同敌舰决一死战！”田边弥八立即下令：“紧急下潜到 60 米深度。”

接着，主机械师那里传来了好的消息：“电机已能使用。”美军的驱逐舰此时似乎又失去了目标，它们的炮弹和深水炸弹落得越来

“巴尔奇”号驱逐舰

越远。

田边弥八指挥“伊-168”潜艇打赢了这一仗。15点50分，潜艇浮出水面。

侥幸逃脱后，6月19日，田边弥八用油箱里仅剩下的800公斤燃油，把潜艇开到了吴港。

“约克城”号航空母舰令人难以置信地在海上漂了一夜，直到将近拂晓时分，它的舰员以及担任警戒的舰艇才把它真正放弃。

当驱逐舰中队司令爱德华·P·索尔看着这艘巨型航空母舰已实在无可救药时，才让各驱逐舰围聚在它的四周，给它举行了一个告别仪式。

在绚丽的晨曦中，“约克城”号航空母舰下沉的速度越来越快。美军的驱逐舰列队就位，注视着它沉入大海。它沉没时，各舰下半旗，全体人员脱帽肃立。

“约克城”号航空母舰于6月7日4点58分沉没。至此，美军第17特混舰队大体上就解体了。弗莱彻率“阿斯托利亚”号巡洋舰和“波特兰”号巡洋舰返回珍珠港。“巴尔奇”号驱逐舰、“休斯”号驱逐舰和“莫纳汉”号驱逐舰在加油点被编入第16特混舰队。巴克马斯特及其部下从“巴尔奇”号驱逐舰转到“格温”号驱逐舰，随同载着“汉曼”号驱逐舰的幸存者的“本汉姆”号驱逐舰同时回国。

这一次，日本人在中途岛的海战中，给了美国人一次很严重的打击。但同时，山口多闻也被美国人重重的给予了回击。这是足以使“飞龙”号航空母舰致命的一次回击。

★“汉曼”号驱逐舰的沉没

航空母舰上的警报迅速发出了声响。“汉曼”号驱逐舰拼命向雷迹开炮，想在鱼雷击中目标前把它们引爆，但无济于事。

第一枚鱼雷击中“汉曼”号舰体中段，另两枚从它底下钻过去，击中“约克城”号航空母舰的右舷舰底与舰侧间的结合部，把舰体炸出了一个大洞。第四枚鱼雷从舰尾部脱靶而过。

由于“约克城”号航空母舰的三号辅助升降机被连根拔起，各种固定装置全部轰然砸在机库甲板上。前桅右舷侧支脚的铆钉断裂，人被抛得到处都是，有的被掀进海里，有的摔得伤筋折骨，皮开肉绽，遍体鳞伤。

“汉曼”号驱逐舰二号锅炉舱被击中，舰身几乎被炸成两截，不到 3 分钟就沉没了。许多人被从甲板上掀进了海里，还有很多人当场被炸死。“汉曼”号驱逐舰下沉时，它上面的深水炸弹在 3 个不同深度发生爆炸，掀起的水柱足足有 4.6 米高。舰上 13 名军官中有 9 人丧生，228 名舰员中有 72 名死亡。

3.“与舰共存”

“飞龙”号航空母舰在对美国舰队的第二次攻击，也是日本人在这场海战中发动的最后一次进攻。那时，“飞龙”号航空母舰只剩下了 6 架战斗机、5 架俯冲轰炸机和 4 架水平轰炸机。

在日本飞机对“约克城”号航空母舰实施攻击的过程中，美军舰载机也对“飞龙”号航空母舰实施了多次攻击。先后到达“飞龙”号航空母舰上空并实施攻击的有 79 架美军飞机。

“飞龙”号航空母舰很幸运，它成功地躲避了 26 枚鱼雷和大约 70 颗炸弹的攻击。在历经美军飞机的多波次攻击之后，“飞龙”号航空母舰的舰员与飞行员早已精疲力竭，疲惫不堪。但是，山口多闻仍决定利用黄昏的有利时机再次出击，给美国军舰队以最后的致命一击。

6月5日15点31分，山口多闻向南云忠一报告："我们计划用尚存的全部兵力，在傍晚的时候发动攻击，以歼灭残敌。"因为山口多闻确信他的飞机已击沉或重创了2艘美国航空母舰。结果他犯了一个严重的错误。

山口多闻的第一波攻击飞机报告说1艘航空母舰起火，第二波飞机又报告重创1艘敌军航空母舰。山口多闻并不知道两次攻击的是同一艘军舰。虽然山口多闻的飞机损失惨重，但他对两次空袭的战果很满意。他打算把美国的残兵败将统统消灭。

此时，"飞龙"号航空母舰在海上劈波斩浪、往返驰骋。舰上所有飞机都做好了起飞准备。正当山口多闻计划实施再次攻击时，弗莱彻和斯普鲁恩斯也在给山口多闻舰队设计着"坟墓"。

14点45分，斯普鲁恩斯下令加拉赫率领舰上所有能参战的俯冲轰炸机全部起飞。这个机群的飞机总共有24架，其中11架载重达453公斤的重型炸弹，其余飞机挂载重226公斤的炸弹。15点50分，全部飞机从"企业"号航空母舰上起飞，扑向山口多闻的舰队。

17点，"飞龙"号航空母舰的舰员利用短短的战斗间隙休息，他们没有料到死神已经悄悄地向他们逼近了。加拉赫率领的俯冲轰炸机队开始接近“飞龙”号航空母舰。

17点03分，“飞龙”号航空母舰望哨惊呼道:“敌军俯冲轰炸机！”只见13架美国飞机急速而下，向“飞龙”号航空母舰直扑过来。

在“飞龙”号航空母舰舰长加来止男的指挥下，航空母舰首先避开了头3颗炸弹。但更多的美国飞机俯冲下来，“飞龙”号航空母舰终于被命中4弹。巨大的爆炸声震耳欲聋，黑色的烟柱腾空而起，舰面甲板被炸得朝上翻卷，大火在已装好炸弹的飞机中间蔓延。

美军舰载机从“企业”号航空母舰升空

加来止男舰长为避免再度中弹，只好让“飞龙”号航空母舰全速前进。但由此而产生的风助长了火势，火势迅速蔓延全舰。当时位于“长良”号轻巡洋舰上的牧岛看到，“飞龙”号航空母舰从舰首至舰尾一片大火，但是它仍然“像头发了狂的牛一样拼命地奔跑”。

这时，从“大黄蜂”号航空母舰上起飞的15架美军轰炸机也赶到了。由于“飞龙”号航空母舰已是一团大火，不需要再对其攻

“飞龙”号开始起火燃烧

击，于是这批飞机转而向“利根”号重巡洋舰和“筑摩”号重巡洋舰发起攻击。

21 点 23 分，“飞龙”号航空母舰完全失去航速，开始倾斜。由于不断进水，倾斜度达到 15°。日军舰员两次进入机舱的拼死努力均告失败，“飞龙”号航空母舰已完全无法拯救。

“飞龙”号航空母舰在作战中，包括自愿与舰共存亡的两位指挥官，共有 416 名舰员丧生。

当山本五十六的航空母舰遭到灭顶之灾的时候，他正率领主力舰队，在南云忠一舰队后面 450 海里的洋面上破浪前进。山本五十六那时还非常自信，他认为日本人会成为整个战场的主宰者。但是，战局的发展大大出乎他的意料。

6 月 4 日早晨 7 点 28 分，山本五十六的侦察机发来电报：“发现 10 艘敌舰！”这封电报猛然将沉浸在美好梦境中的山本五十六惊醒。“大和”号战列舰旗舰舰桥上的人闻讯后都显得十分紧张，山本五十六更是紧绷着脸，一言不发。

这种紧张的气氛没过多久，又接连收到两封电报，告知美军舰队由 5 艘巡洋舰和 5 艘驱逐舰组成，继而又报告说后边好像只有 1 艘航空母舰。“大和”号战列舰上的气氛顿时放松下来，一些人甚至高兴地认为这是一块“大肥肉”。

山本五十六和他的幕僚们情绪尚且乐观，他们认为美国航空母舰肯定会被南云忠一的舰载飞机干掉。

但上午10点30分，"'赤城'号航空母舰着火"的电报猛然打破了山本五十六的美梦。这位日本联合舰队总司令一言不发。对20分钟后送来的第二封电报，他也同样沉默。

10点50分，通信参谋和田雄四郎满脸沉痛，一言不发地把一份急电递给了山本五十六。这是阿部平次郎从"利根"号重巡洋舰上发来的。电文说："遭敌军舰载机和陆上飞机的攻击。'赤城'号航空母舰、'加贺'号航空母舰和'苍龙'号航空母舰起火。拟以'飞龙'号航空母舰与敌军航空母舰交战，我们暂时北撤，重新集结兵力。"

这一消息犹如晴天霹雳，山本五十六和他的幕僚个个目瞪口呆。山本五十六本人和他的参谋们并没有指望在这场大规模海战中他们的舰队会完好无损。如果损失1艘航空母舰，他们完全可以泰然处之。损失2艘，虽说是严重的挫折，也还可以忍受。然而，现在却是损失3艘，这完全出乎他们的意料。

所以，日本联合舰队司令部内人人发呆，手脚冰凉。然而，直到这时山本五十六依然认为，美军的海上编队中只有1艘航空母舰，日本的"飞龙"号航空母舰还完好无损，仍可打败美军舰队，并在中途岛登陆。因此，山本五十六于12点20分向部队发电，命令各部队攻击中途岛以北之敌。

发出这道命令后，山本五十六和他的幕僚最关心的是中途岛美军还有多少航空兵力，因为这是制定下一步作战计划的主要依据。

航拍“飞龙”号躲避美军投弹

虽然日本的3艘航空母舰都失去了战斗力，但“飞龙”号航空母舰还完好无损，可以用它来攻击美军的航空母舰。

山本五十六从友永丈市机队要求对中途岛实施第二次空袭看出，第一次攻击没有很成功。山本五十六因此担心，如果不立即摧毁中途岛的航空基地，美国人可能从夏威夷调去更多的飞机，这样的话，占领中途岛就更难了。

于是，山本五十六听取了黑岛龟人建议后，他命令离中途岛最近并拥有高速舰的近藤信竹的攻略部队主力在夜里去炮轰中途岛。山本五十六还决定，把原定的中途岛和阿留申群岛的登陆作战计划推迟到歼灭美国航空母舰部队以后。

按照山本五十六的命令，近藤信竹中将派其第7战队（栗田健男所部）前去炮击中途岛机场，各登陆输送队掉过头来向西前进。这时，山本五十六急切希望角田觉治率领“龙骧”号航空母舰、“隼鹰”号航空母舰尽快到来。可是，“大和”号战列舰于15点30分收到角田觉治发来的电报却是：“我部收回袭击荷兰港的攻击机队之后，尽速南下。6日晨，将在北纬44° 40′、西经176° 20′进行补给，尔后去与南云忠一的部队会合。我队4日15点的位置在荷兰港西南120海里处。”

山本五十六通过计算知道角田觉治部队在8日下午之前根本赶不到中途岛指定战位，于是他的这一打算只好作罢。

这时候，“大和”号战列舰陆续收到一些侦察机的报告。综合这些报告，联合舰队司令部对当面敌情做出了基本判断：在美国舰队中至少有大型航空母舰3艘、重巡洋舰5艘、驱逐舰15艘，这是一支很难对付的强大兵力。

17点55分，山本五十六又收到一份更为不利的电报："'飞龙'号航空母舰中弹起火。"山本五十六已经不能指望这艘航空母舰了。

可是，山本五十六并不肯就此罢手。山本五十六认为南云忠一部队、近藤信竹部队都离敌人舰队不算很远，实施夜间决战的可能性仍然存在。夜战不仅是日本海军的传世法宝，而且在夜间美军的舰载机发挥不了作用，日本完全有战胜对手的把握。于是，山本五十六于19点15分再次发电报作了部署。

山本五十六及其手下们像赌博赌红了双眼的狂徒，不顾一切要在这天夜里捕捉对方舰队，并实施夜战。然而，日军的这一企图是不可能实现的，因为美国的航母编队已开始向东行进，日军根本追赶不上。

斯普鲁恩斯对空袭敌人后率部掉头东进的行动做出了这样的说明："一方面，我认为不应冒险与可能居于优势的日军部队进行夜战；另一方面，我希望第二天早晨别离中途岛太远。我部队所在的位置应该是，既便于追击退却之敌，又能粉碎日军对中途岛的登陆。另外，附近海面也许还有日本航空母舰与其登陆编队一起行动，而在西北海面也有出现第5艘航空母舰的可能性。"

后来，当山本五十六知道美军舰队已经向东疾进，在拂晓前与其接触的可能性几乎不存在时，实施夜间舰队决战的最后一线希望也覆灭了。

★“飞龙”号航空母舰覆灭

这时，山口多闻通过“风云”号驱逐舰向南云忠一报告，他已命令“飞龙”号航空母舰的舰员弃舰。

6月5日2点30分，山口多闻指示加来止男舰长，召集全体舰员到舱面集合。

“我身为战队司令，对‘飞龙’号航空母舰和‘苍龙’号航空母舰的损失负全部责任。我将与本舰共存亡。我命令你们全体离舰，继续为天皇陛下效忠！”山口多闻对集合在甲板上的大约800名能应召前来的舰员作最后的训话。

山口多闻的幕僚请求跟他一起留在舰上，但被山口多闻坚决拒绝。山口多闻随后把伊藤整一带着的一块布要过来，以便把自己绑在舰桥上，确保可以同“飞龙”号航空母舰一起沉到海底。

加来止男舰长决意自己留下来，因此恳求山口多闻司令离舰。山口多闻同意了加来止男留下的请求，但自己坚决拒绝离舰。

在残破的航空母舰的甲板上，“飞龙”号航空母舰的幸存人员已开始向“风云”号驱逐舰转移。当最后一批人员离开“飞龙”号航空母舰之后，山口多闻和加来止男与他们的部下诀别了。

遵照山口多闻的最后指示，阿部平次郎下令击沉“飞龙”号航空母舰。5点10分，“风云”号驱逐舰和“夕云”号驱逐舰向“飞龙”号航空母舰发射了鱼雷。在一阵震耳欲聋的爆炸声后，这艘庞大的航空母舰开始下沉。

阿部平次郎看到鱼雷爆炸后，相信他的任务已经完成，随即命令这两艘驱逐舰撤离。5点40分，“大和”号战列舰收到阿部平次郎的报告称：“飞龙”号航空母舰已被击沉。

但1小时20分钟后，派到东面寻找南云忠一部队的“凤翔”号轻型航空母舰的一架侦察机发现，“飞龙”号航空母舰仍然漂在水上。事实上，“飞龙”号航空母舰一直到8点20分左右才沉没。

4. 日军惨败中途岛

放弃了夜战的想法之后，山本五十六及其幕僚中的每一个人都清楚地意识到这一仗已经打败了，但没有一个参谋人员建议中止作战。相反地，他们都拼命想方设法要从失败中捞回一些东西。于是，他们提出了各种各样的补救方法。

但各种方案都不能使山本五十六满意。黑岛亀人和渡边还被山本五十六训斥得哑口无言。参谋们已经明显地看出，山本五十六早就认为局势无可挽回。现在除了退却，向西逃窜外，别无其他选择。因此，他们根据山本五十六的意图起草了一份关于中止战斗，安排会合地点的电文。山本五十六内心十分难过，无可奈何地批准了这份电文。

6月5日2点55分，山本五十六向所属部队下达了联合舰队第161号作战命令：

一、撤销占领中途岛的作战计划。

二、主力部队负责集合进攻部队和机动部队（“飞龙”号航空母舰及其护航舰只除外），并于6月6日上午在北纬33°、东经170°的位置加油。

三、警戒部队、“飞龙”号航空母舰及其护航舰只以及“日进”号水上飞机母舰也应驶向上述位置。

四、登陆部队向西行驶，脱离中途岛飞机的攻击范围。

做出上述决定后，山本五十六的主力部队就开始向东航行，去与南云忠一和近藤信竹会合。

当近藤信竹按时到达后，南云忠一却仍无踪影。于是，山本五十六派出“凤翔”号航空母舰的一架搜索机去寻找机动部队的下落。其实，南云忠一一直与近藤信竹保持着平行航行，并逐渐向指定位置靠拢。

12点05分，日军的几支部队在山本五十六规定的海域会合。然而，这已不是各舰队所期待的胜利和欢乐的大会师。日本4艘最精良的航空母舰已不复存在，同时还损失了332架飞机。

日本“日进”号水上飞机母舰

更悲惨的损失是2197名技术优秀、富有实战经验的作战人员在战斗中丧生。其中：“赤城”号航空母舰上263人，“飞龙”号航空母舰上416人，“苍龙”号航空母舰上718人，“加贺”号航空母舰上约800人。

在南云忠一新的旗舰上，军官们面对这种作战结局，都感到颜面丢尽，无地自容。

6月9日，战败的日本舰队继续向西退却。铅灰色的天空，云层低垂。从海上升起的雾气像幽灵似的盘旋飘忽，弥漫在条条桅杆之间。大海似乎此时也反映了日本舰队的气氛，它波涛汹涌，浊浪排空，极不平静。

旗舰上的山本五十六下令“长良”号轻巡洋舰向“大和”号战列舰靠拢。他要召集舰队的主要参谋人员到舰上来开会。被召参加会议的人员有草鹿龙之介、源田实、舰队书记官大石等。在草鹿龙之介等人到来之前，山本五十六已将宇垣缠、黑岛龟人、渡边、佐佐木和有马等人召集在一起。

山本五十六知道，“大和”号战列舰的退却，宣告了中途岛战役行动的失败。

参谋们此时已得出了某些不利于第1航空舰队及其负责军官的结论。所以，山本五十六指示这些人不要提出任何批评意见。他断然下令：“决不许对外人说潜艇部队和第1航空舰队要对中途岛战败负责之类的话。责任在我。”

日军中途岛失利的原因是多方面的。其中一个根本原因，是山本五十六犯了分散兵力的兵家大忌。山本五十六不是把参战的日本部队集中使用，而是采取了分散兵力的方针，结果各部队的兵力都比较薄弱。从战略上看，分散部署在阿留申群岛的兵力是不必要的，因为这支兵力的目的仅仅是为了摧毁那里的美军设施和短时间占领北方几个小岛，然后再予放弃。而且分散兵力还不只限于兵分两路，在中途岛方向作战的兵力也是分散使用的。

南云忠一的航空母舰部队在中途岛西北；山本五十六的战列舰主力在后面300海里处；近藤信竹的攻略部队主力在中途岛的

南面或西南；栗田健男的直接支援部队同攻略部队输送船团则从西南接近中途岛。兵力不集中，对陆、海、空作战都是一种基本战术弱点。

在中途岛，这一弱点给美军歼灭南云忠一部队提供了方便条件。南云忠一的航空母舰被歼后，日本方面由于兵力分散而产生的弱点使日军几乎完全丧失了战斗力。与此相反，美方部队的部署却是紧凑有力的。美军的参战部队虽然一分为二，但是两部分兵力配置的距离并不远，保持了紧密的战役战术联系，其舰载机完全可以集中攻击同一个目标。在所有的作战原则中，“确立明确的作战目标”是最重要的一条，日军的问题也出在这一点上。

日军所设计的中途岛作战，从一开始就是两种意见争论不休。山本五十六一方面计划攻取中途岛环礁，另一方面又打算诱歼美太平洋舰队残部。更为糟糕的是，在这两个目标中，日本人还搞错了重点。在联合舰队看来，攻占中途岛是首要任务，而歼灭美国太平洋舰队是次要任务。他们正好把两者的重要性搞颠倒了。

山本五十六召开这次小小的碰头会也是有一定的目的。

“遭到如此沉重的打击，大家无不痛心。作为每一个责任人，怎样对待自己的生命当然是个人的事，但应当尽量保存宝贵的指挥员和战斗员。我左思右想，不禁对他们产生了恻隐之心。在冷静达观和武士道精神这两者之间，决不能促使其做出错误的选择。”宇垣缠后来在他的日记中这样写道。

眼看着就要回国了，水兵们情绪渐渐好了起来。但到达吴港后所发生的事情，却是他们怎么也没有想到的。

一进港，他们就立即被隔离了。不准他们上岸，也不准与舰外任何人接触，甚至连舰长也不例外。只有司令部的个别参谋人员因工作特别需要才能进出。为了对日本国民封锁中途岛战败的消息，日本军方和政府采取了多种措施。

6月10日，海军军令部副总长和副海军大臣联名下达一项通知："决定公布中途岛海战中我方损失如下：1艘航空母舰损失，1艘航空母舰受重创，1艘巡洋舰受重创，35架飞机未能返回。"

5天后，宇垣缠又下达了一个补充通知："除大本营公布的情况外，在海军内外都不许透露有关中途岛和阿留申群岛战役的任何情况。在海军内部将公布'加贺'号航空母舰已损失、'苍龙'号航空母舰和'三隈'号重巡洋舰遭重创，但这几艘舰的名字将不对外公布。"另外，日本官方报刊还大肆吹嘘在中途岛战役中日本取得了重大胜利。

6月15日，日本帝国大本营发表补充战报说："先前所公布的奇袭中途岛的战绩中，还应加上1艘美'旧金山'级A级巡洋舰和1艘潜艇。"所谓"先前公布"的战绩，是指2艘"企业"级航空母舰和1艘驱逐舰。

更大的弄虚作假表现在有关日本所受损失的报道上。日本官方公报着重强调了北方行动的胜利，对于失利的一面则含糊其辞。为了对伤亡程度保密，日本政府采取了令人吃惊的极端措施。

“长良”号重巡洋舰从吴港抵达柱岛后，渊田美津雄和大约500名伤员被转移到“冰川丸”号医院船上。“冰川丸”号医院船于夜色中偷偷驶入横须贺，在一个不引人注目的码头靠了岸。然后，沿着一条由海上警察严密警戒的道路，伤员被秘密地送到基地医院。他们被分在两幢楼房里，从此与世隔绝。日本海军已经把他们当作“绝密文件”来保管了。

被美国飞机重创后的“三隈”号重巡洋舰

美国著名海军历史学家莫里森教授把美军在中途岛海战中的胜利称之为“情报的胜利”，这是很自然的。美军破译了日本的密码电报，提前发觉日本的攻击计划，这是日本失利的最主要和最直接的原因。倘若日本攻占中途岛的意图能像袭击珍珠港的计划那样彻底掩盖的话，这次战役的结果就很可能会大不相同了。但是，美军取得中途岛的胜利，又不仅仅是因为破译了日本的密码，还有其他若干原因。

美军方面只有几天时间用来准备对付敌人这次咄咄逼人的挑战。弗莱彻于5月27日下午带着损坏严重的“约克城”号航空母舰进入珍珠港后才开始中途岛战役的准备工作。斯普鲁恩斯也仅比弗莱彻早一天到珍珠港，抵港后才意外地知道日本人正向中途岛驶来。斯普鲁恩斯、尼米兹和弗莱彻几次匆匆会晤后，斯普鲁恩斯就于5月28日上午出海了，弗莱彻也于5月30日出海。美军制定基本作战方案，只有短短的几天时间。

斯普鲁恩斯在作战指挥上的优良素质，也在中途岛之战中一次又一次地显露了出来。当他侦察到南云忠一的航空母舰编队后，立即调动了所有能够调动的飞机去进攻。他不仅知道何时该进攻，而且知道何时该停止。

另外，斯普鲁恩斯清楚地知道，勇敢超过了某种程度便成了十足的愚蠢。因此，他在攻击日本航空母舰后，立即调头东去，使山本五十六想在夜间与美军进行舰队决战的希望落了空。此外，斯普鲁恩斯知道他的任务是保护中途岛，所以尽管西边有诱人的鬼影，他还是坚守他的岗位。

斯普鲁恩斯

斯普鲁恩斯也知道自己的第二位的任务是必须把航空母舰保存下来以便再战。他没有上敌人的当，没有驶进威克岛日本人岸基轰炸机攻击距离之内，也没有越出自己的通信联络范围之外。

当然，在此次战役中，还有其他的美国主要将领也都表现出了非凡的才智。他们的共同合作促使了美国的胜利，那就是6月5日凌晨2点55分，日本联合舰队司令山本五十六终于痛苦地下令："取消中途岛的占领行动。"

在返航途中，日军为躲避美军潜艇的袭击，日军的2艘巡洋舰互相撞到，双双受伤。6月5日天亮后，中途岛美军根据潜艇的报告派出12架俯冲轰炸机攻击了这2艘巡洋舰，下午又有多批B-17轰炸机进行了攻击，但投下的80颗鱼雷无一命中。

美军航空母舰编队也做好了追击准备，侦察机和潜艇报告在中途岛以西125海里，西北175海里和250海里都有日本军舰。

斯普鲁恩斯判断这是日军分成几个编队撤退，由于兵力有限，只能选择一个目标追击，他斟酌再三，决定攻击最远的日军舰队。因为据侦察机报告这支舰队中有1艘航空母舰，实际上这是“飞龙”号航空母舰，当美军舰载机飞到时，“飞龙”号航空母舰已沉入海底，所以只攻击了护航的驱逐舰。

斯普鲁恩斯考虑到飞行员已连续作战3天，疲惫不堪，而且附近海域可能有日军潜艇出没，同时离威克岛很近，岛上日军岸基飞机也有一定威胁。为避免不必要的损失，便于6月6日黄昏下令停止追击，转向东北，撤离了战场。

斯普鲁恩斯的这一决定非常明智而且审时度势，山本五十六获

中途岛之战美军胜利的功臣——舰载机飞行员

悉美军航空母舰在后追击，一面企图将其引向威克岛，由岛上的岸基飞机进行攻击，一面组织 3 艘巡洋舰和 8 艘驱逐舰前去迎战。按双方航线推算，如果美军继续追击，就会在夜间与日本军舰遭遇。由于美军舰队的适时撤离，中途岛海战便彻底停止了。

山本五十六电告舰队所有指挥官："敌人舰队几乎已遭全军覆没，正在向东败退。"这个弥天大谎，也突出地显示了山本五十六不敢公开承认失败的嘴脸。

当将军们问山本五十六："我们至此一败，该如何向天皇请罪？"山本五十六铁青着脸说："要向天皇陛下请罪的只有我一个人。"历史上规模空前的海空大战，到此宣告结束。

美国方面损失了 1 艘航空母舰，1 艘驱逐舰，307 名官兵和 147 架飞机。

中途岛战役，是世界海战史上以少胜多的典型战例。无论从双方投入的总兵力，还是在中途岛局部战场的兵力，日军都占据明显优势。但结果日军遭到惨败。

日本方面付出了惨重的代价：4 艘航空母舰和 1 艘巡洋舰被炸沉，损失飞机 322 架，其中 283 架飞机是随航空母舰沉没；阵亡官兵 3507 人，包括几百名经验丰富，身经百战的飞行员和机务人员。日本联合舰队从此一蹶不振，再也无力发动大规模的海空作战。从珍珠港事件后日本人一直拥有的太平洋战区的战略主动权，也就拱手交出了。

此后，由于缺少舰载航空兵的支援，日军舰艇部队就难以超出岸基航空兵的作战半径活动，逐步丧失了主动权。因此完全可以说中途岛战役是太平洋战争的转折点，对整个战争有着决定性影响。

对日本海军来说，更严重的是他们妄自尊大的自信遭到了无情的打击。中途岛战役之后，直到第二次世界大战结束，他们再也无法对战局做出正确的判断。

中途岛战役后，“翔鹤”号航空母舰和“瑞鹤”号航空母舰成了日本联合舰队的顶梁柱，并改称第1航空战队。1942年8月在瓜岛争夺战中，在东所罗门海，“翔鹤”号航空母舰和“瑞鹤”号航空母舰击伤美国“企业”号航空母舰，1942年10月的圣克鲁斯海战中，又击沉美国“大黄蜂”号航空母舰。

到了1943年，太平洋的局势已完全逆转。美国埃斯克斯级航母服役后，日本联合舰队的“翔鹤”号航空母舰和“瑞鹤”号航空母舰仍然在苦苦支撑，两舰屡屡受创，但劫数未到。1944年6月，在马里亚纳海空战中，“翔鹤”号航空母舰被美军潜艇发射的鱼雷击中，随后燃油爆炸，便沉没于海上。1944年10月，在菲律宾战役的恩加尼奥角海战中，已是空有其表的“瑞鹤”号航空母舰作为诱饵被美军第3舰队击沉。至此，日本6艘偷袭珍珠港的航空母舰全部被击沉。

在瓜岛海域，“大黄蜂”号航空母舰被日本潜艇发射的 3 枚鱼雷击中沉没

★南云忠一的致命错误

南云忠一作为直接指挥作战的战场指挥官，犯了三个严重错误。

一、在空袭中途岛那天清晨，他没有做出充分地搜索部署，没能及时发现美军的特混舰队，致使他的部队处于被动挨打的地位。

二、南云忠一所采取的舰载机战斗编组方法有问题。他把舰载机编为两个攻击波，每个攻击波都是从 4 艘航空母舰上按比例抽调出来的飞机编成的，而不是由两艘航空母舰的飞机编成第一攻击波，另外两艘航空母舰的飞机编成第二攻击波。虽然同时使用 4 艘航空母舰的飞机可以缩短飞机起飞和回收的时间，但在收回飞机时及飞机起飞前防御能力必然十分脆弱。

三、在南云忠一发现美军特混舰队有一艘航空母舰后，没有立即用全部飞机进攻。南云忠一当时可能存在一种侥幸心理，认为美军不会在这最脆弱的时刻前来进攻，但美军恰恰是在这一时机实施了进攻。